# 아이트래킹 가이드 북

아이트래킹 기초 및 스크린 타입 아이트래커 사용법

# 아이트래킹 가이드 북

| | |
|---|---|
| 발행일 | 2024년 4월 18일 |

| | | | |
|---|---|---|---|
| 지은이 | 김지윤 | | |
| 펴낸이 | 손형국 | | |
| 펴낸곳 | (주)북랩 | | |
| 편집인 | 선일영 | 편집 | 김은수, 배진용, 김부경, 김다빈 |
| 디자인 | 이현수, 김민하, 임진형, 안유경 | 제작 | 박기성, 구성우, 이창영, 배상진 |
| 마케팅 | 김회란, 박진관 | | |
| 출판등록 | 2004. 12. 1(제2012-000051호) | | |
| 주소 | 서울특별시 금천구 가산디지털 1로 168, 우림라이온스밸리 B동 B113~114호, C동 B101호 | | |
| 홈페이지 | www.book.co.kr | | |
| 전화번호 | (02)2026-5777 | 팩스 | (02)3159-9637 |

| | | |
|---|---|---|
| ISBN | 979-11-7224-037-0 93000 (종이책) | 979-11-7224-038-7 95000 (전자책) |

**(주)북랩** 성공출판의 파트너

북랩 홈페이지와 패밀리 사이트에서 다양한 출판 솔루션을 만나 보세요!

**홈페이지** book.co.kr • **블로그** blog.naver.com/essaybook • **출판문의** book@book.co.kr

**작가 연락처 문의** ▸ ask.book.co.kr

작가 연락처는 개인정보이므로 북랩에서 알려드릴 수 없습니다.

# 아이트래킹 가이드 북

### 아이트래킹 기초 및 스크린 타입 아이트래커 사용법

김지윤 지음

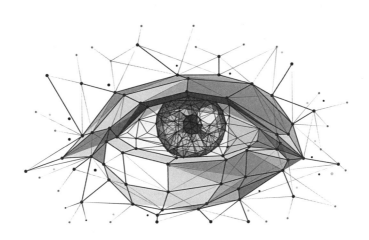

북랩

이 책에서 다루는 Tobii Pro Lab의 버전은 Lab version 1.217 | 2023-05-10이며,
아이트래커는 Tobii Pro Nano입니다.
Tobii Pro AB (2014). Tobii Pro Lab (Version 1.217) [Computer software].
Danderyd, Sweden: Tobii Pro AB.

머리말

아이트래킹 기법을 처음 알게 된 것은 CJ ENM의 '투니버스'에서 근무할 때였습니다. 영화 채널의 OAP(On-Air Promotion) 팀에서 채널 로고와 자막에 대한 시선 추적 결과를 발표한다 해서 참석했었습니다. TV를 보면 영상이 아닌 이미지와 텍스트를 통해서도 채널 로고, 프로그램 순서, 이벤트 등을 알리는데, 마케팅팀과 디자인팀 사이에 이것이 과연 얼마나 효과적인지에 대한 논란이 많았습니다. 또한 이러한 이미지와 텍스트들을 노출한다면 어떠한 크기로, 얼마나 자주, 어떤 속도로 노출해야 하는 게 맞는지 의견이 분분했습니다. 심층 인터뷰, 설문 조사를 통해 관련 리서치가 이루어지지만, 투니버스의 메인 타깃인 6~10세의 어린이들에게는 이러한 조사가 쉽지 않습니다. 아이트래킹 기법은 이러한 타깃에게 정말 필요한 조사 방법이었습니다.

'시선 추적'이라는 기법에 점점 흥미를 느끼게 되었고, 우리 대학원 학생들이 논문과 현업에서 활용할 수 있는 연구 방법이라고 생각되어 대학원에 '아이트래킹 연구'라는 수업을 개설하게 되었습니다. 그러나 학생들이 사용할 수 있는 한국어 교재가 없었습니다. 외국 교재가 몇 개 있긴 하지만 관련 논문들과 이론들이 우선이고, 실질적으로 사용할 수 있는 매뉴얼이 있지는 않았습니다. 그래서 수업을 위해 그동안 제가 공부했던 아이트래킹 자료들을 정리했습니다. 자료들을 정리하다 보니 하나의 매뉴얼이 되어 버렸습니다. 아직 부족한 내용도 많지만, 학생들의 연구에 활용할 수 있는 자료가 되길 바라는 마음에서 책으로 출간하기로 마음먹었습니다. 이 책은 시선 추적에 대한 원론적 이론보다는 아이트래킹을 처음 접해 본 초보자가 전체적 개념을 잡고 프로그램을 조작해 실험을 할 수 있는 매뉴얼에 초점을 맞췄습니다.

저를 도와 이미지를 정리해 준 조교들에게도 감사의 말을 전합니다. 아이트래킹을 처음 연구할 수 있도록 도와준 김거수 교수님, 부족함 많은 이 책을 검토해 준 남편과 정재희 교수님께도 감사의 말씀을 전합니다.

# Contents

# II. 스크린 타입 아이트래커 사용하기

# 4. 아이트래킹 녹화하기: Record

# 5. 분석하기: Analyze

# I. 아이트래킹 연구 이해하기

# 1. 아이트래킹, 시선 추적이란?

## 1) 눈길을 주다

저는 K-POP 스타 중에 BTS를 좋아합니다. 멤버 중에서는 뷔를 가장 좋아합니다. 그의 엉뚱함과 창의성 그리고 남들의 눈치를 보지 않고 자신을 표현하는 그 뻔뻔함이 너무 좋습니다. 그리고 무엇보다도 다비드 조각상과 같은 완벽한 그의 얼굴은 볼 때마다 탄성을 자아냅니다. 역시 세계 미남 1위에 뽑힌 이유가 있습니다. 그래서 저는 뮤직비디오, 방송 프로그램 등을 보면 7명의 멤버 중 그에게 유독 눈길이 갑니다.

사람은 자기가 좋아하는 것을 계속 쳐다보게 됩니다. 물론 싫어하고 혐오하는 것에도 눈이 갈 수 있지만 금세 눈을 돌리게 됩니다. 눈길은 주의나 관심을 비유적으로 이르는 말입니다. '눈길을 준다', '눈길을 끈다'는 것은 볼 것 넘쳐나는 세상에서 특별히 주의를 기울이고 있다는 뜻이고, 호감이 있다는 이야기입니다. 사람의 눈은 끊임없이 움직입니다. 눈이 움직인다는 것은 사람이 살아 있다는 증거입니다. 심장이 쉬지 않고 뛰는 것처럼 잘 때를 제외하고는 사람의 눈은 무언가를 계속 봅니다.

사람은 외부 정보의 70% 이상을 시각을 통해 받아들입니다. 또한 작업 기억에서 인지 활동을 위해 활용되는 정보의 90% 이상은 눈을 통해 입력된 정보입니다.[1] 따라서 대상을 보고 있는 시선 움직임은 사람의 인지 활동을 이해하기 위한 중요한 단서가 됩니다. 그래서 우리는 이러한 전제를 가지고 아이트래킹을 활용합니다.

잘생기고 노래 잘하는 케이팝 스타가 그렇게 많은데도 저에게는 크게 눈에 띄는 사람이 없었는데, 뷔는 그냥 제 눈에 꽂혔습니다. 사람은 거짓으로 좋다고 이야기할 수 있습니다. 그러나 시선의 움직임은 능동적, 자동적, 비의식적으로 이루어지기 때문에[2] 거짓으로 꾸미기 힘듭니다. 또한 본인이 의식적으로 깨닫지 못한 심리적인 것들도 시선을 통해 알 수 있습니다.[3]

## 2) 자기 기입식 설문 조사와 아이트래킹

학교에 있는 교수들과 학위 논문을 쓰는 학생들은 조사와 실험을 통해 많은 것들을 연구합니다. 그런데 논문을 쓰는 연구자가 아니더라도 누구나 한 번쯤 조사에 응해 본 적이 있을 것입니다. 게임에 필요한 공짜 아이템을 얻기 위해 인터넷에서 설문 조사에 응해 준 적이 있을 것입니다. 대통령 선거를 앞두고 지지 정당에 대해 리서치 회사의 전화를 받은 적도 있을 것입니다.

제 어머니는 백화점 화장품 코너에서 진행하는 고객 만족도 설문 조사에 몇 번 응해 주신 적이 있었습니다. 그런데 설문 조사 후 추첨을 통한 경품에 두 번이나 1등으로 당첨되어서 홍콩과 싱가포르로 해외 여행을 공짜로 가셨습니다. 보통 행운이 아닌 것 같습니다. 보통 이러한 조사들을 '자기 기입식 조사'라고 합니다. 본인이 생각하고 판단하여 질문에 답을 기입하는 형식이라는 뜻입니다. '아주 그렇다, 그렇다, 보통이다, 그렇지 않다, 아주 그렇지 않다'의 답지에 표기하는 리커트 척도가 많이 쓰입니다. 이러한 자기 기입식 조사는 편리합니다. 특히 요즘은 조사를 위해 종이와 펜도 필요 없습니다. 구글 폼 등으로 쉽게 조사지를 만들고, 조사지 링크를 SNS나 카카오톡으로 전달하면 사람들이 본인의 모바일을 통해 직접 조사에 응합니다. 조사 결과를 실시간으로 볼 수도 있습니다. 결과 데이터로 통계 분석도 가능합니다.

그러나 이러한 자기 기입식 설문 조사는 설문에 응하는 사람이 분명하게 대답할 수 없는 문제가 있을 수 있습니다. 주관적 정서 경험을 표현하는 언어의 경우, 사람에 따라 그 의미 내용이 다를 수도 있고, 개인의 심리적 상태나 환경에 따라 응답에 차이를 보일 수도 있기 때문입니다. 또한 응답자가 충분한 노력을 기울이지 않고 설문에 응답하는 경우, 응답할 동기가 낮거나 혹은 없는 경우도 있습니다. 예를 들면, '내 직업에 만족하는가?'라는 항목에 대해 응답자가 '매우 동의함'을 선택했음에도 불구하고 거의 동일한 항목인 '내 직업으로 만족감을 느끼는가?'에는 '동의하지 않음'을 선택하는 경우 등이 있습니다. 이러한 불성실 응답은 응답 오차로 해석되는데, 응답 오차가 클수록 데이터의 신뢰성은 떨어지게 됩니다. 설문에 정확하고 충실하게 답변하는 것은 상당한 수준의 인지적 노력이 필요합니다. 그런데 일부 응답자들은 인지적 노력을 부여해 정확한 답변을 채택하는 대신, 설문에서 받은 인상만을 기반으로 인지적 노력 없이 응답을 선택하기도 합니다.[4]

그래서 대안적 방법으로 뇌파, 혈압, 피부 온도, 피부 전기 반사, 움직임과 같이 인위적 조절이 어려운 신체의 현상을 기록하는 정신 생리학적 조사 방법이 사용되고 있는 추세입니다. 시선의 움직임을 측정하는 아이트래킹도 이러한 정신 생리학적 조사 방법 중 하나라고 할 수 있습니다. 생리적 반응은 신경계에 의해 나타나기 때문에 실험 참가자가 의도적으로 조절하기 어렵고, 그 반응이 언어적 진술보다 매우 앞서 나타납니다. 또한 실험 참가자별로 반응이 일관성 있게 나타나기 때문에 객관성과 일관성 측면에서 정량화된 측정이 가능합니다.

## 3) 아이트래킹 리서치는 무엇에 필요한가?

제품, 지면, 광고, 영화, TV, 인터넷, 모바일, 전시장, 공간 등 사람이 눈으로 볼 수 있는 것이라면 어떠한 것이라도 아이트래커로 시각적 주의를 측정할 수 있습니다. 소비자가 마트에서 제품을 구매할 때, 제품의 가격을 먼저 보는지 제품의 브랜드를 먼저 보는지도 아이트래킹으로 조사할 수 있습니다. 이처럼 학계뿐 아니라 기업도 경영 전략 수립을 위해 아이트래킹을 통한 소비자 조사를 수행하고 있습니다.

구글은 TV를 볼 때 TV에만 집중하는지, 다른 일을 하면서 TV를 보는지 조사했습니다. 그 결과, TV를 볼 때 33%는 다른 곳에 주의를 두며, TV가 켜져 있는 시간의 25%는 다른 기기를 조작하는 것으로 나타났습니다. 또한 전체 TV 노출 시간의 10%는 다림질하거나 아이를 보는 등의 집안일을 하는 것으로 나타났습니다. 아이트래킹 제조업체 'Tobii(토비)'는 토론토의 Dx3 무역박람회에서 소비자가 토요타 자동차 쇼룸에 전시된 자동차를 볼 때 무엇을 먼저 보고 무엇을 오래 보는지 조사하였습니다. 참여자들은 차량의 내부를 가장 주의 깊게 관찰하였습니다. 특히 콘솔, 기어 변속, 계기판에 대한 관심도(총관심도의 70%)가 높았습니다. 차량 바깥에서는 주로 차체의 옆면 등을 집중해 보는 것으로 나타났습니다.

글자, 이미지, 전화번호 등의 시각 정보가 과하게 난립하는 홈쇼핑의 자막을 시청자가 얼마만큼 보는지도 알 수 있습니다. 유권자가 후보자의 선거 포스터를 볼 때 무엇을 먼저 보는지, 무엇을 오래 보는지도 알 수 있습니다. 내비게이션 위치에 따라 운전자의 주의가 얼마나 분산되는지도 알 수 있습니다. 미로와 같은 삼성동 코엑스 몰에서 방문객이 안내 표지판만 보고 목표 지점을 제대로 찾을 수 있는지도 알 수 있습니다. 전시장의 안내 동선대로 관람객들이 이동하는지도 파악할 수 있습니다.

## 4) 본다는 것 그리고 대상과 시간

사람이 본다는 것은 무엇일까요? 측정하는 대상을 얼마만큼의 시간 동안 본다는 것입니다. 다시 말해, 사람이 본다는 것은 대상과 시간의 의미를 포함합니다. 그런데 본다는 것은 눈을 통해 보는 자신만이 알 수 있습니다. 다른 사람은 알 수 없습니다. 그래서 내가 어느 곳을 얼마만큼 보는지 나 이외의 사람이 관찰할 수 있도록 하는 장비가 '아이트래커(Eye Tracker)'입니다.[5] 아이트래커에 적외선 센서가 동공을 추적해 무엇을 얼마만큼 보고 있는지를 알려 줍니다.

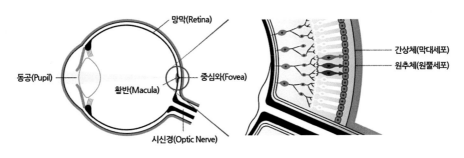

1. 눈의 구조

눈의 뒤쪽을 둘러싸고 있는 망막(Retina)은 상이 맺히는 곳입니다. 빛을 감지하는 곳으로 카메라 필름의 역할과 같습니다. 이 망막에는 시세포가 밀집된 황반(Macula)이 있습니다. 시기능의 90%를 담당하여 '눈 속의 눈'이라는 별명을 갖고 있습니다. 시세포에는 형태와 색을 구분하는 원뿔 모양의 원추체

(Cone Cell)와 명암을 구분하는 막대 모양의 간상체(Rod Cell)가 있습니다. 황반 중에서도 형태와 색을 구분하는 원추체가 가장 많이 모여 있는 곳이 중심와(Fovea)입니다. 황반 안에 움푹 들어간 아주 작은 부분입니다. 중심와가 차지하는 범위는 아주 좁은데, 원추체가 집중적으로 모여 있어 해상도가 가장 높습니다. 우리가 눈을 끊임없이 움직이는 이유는 상이 중심와에서 조금이라도 떨어져 맺히면 선명하게 보이지 않기 때문입니다. 그래서 시선이 집중되는 방향에 있는 중심 시야는 또렷하게 보이고, 그 주변 시야는 흐릿하게 보입니다. 사람이 대상을 볼 때, 눈동자 혹은 목을 움직이지 않고 정지된 상태에서 볼 수 있는 범위가 시야각입니다.[6] 사람의 시야각은 좌우를 합쳐서 약 200°에 달하지만, 그중에서 정확히 볼 수 있는 중심 시야는 1~2°에 불과할 정도로 매우 좁습니다. 그럼 시야각 1°는 어느 정도일까요? 엄지를 척 치켜들고 팔을 눈앞으로 쭉 뻗었을 때 엄지의 손톱이 차지하는 크기 정도입니다.[7] 사람의 시야각은 180°에서 200°인 데 반해 개의 시야각은 200°에서 270°라고 합니다.

2. 시야각 1°

제가 자주 가는 영화관에는 아이맥스관이 있습니다. 보통 영상미가 뛰어난 대작들이나 현란한 액션 영화들을 보러 갔었습니다. 한 20년 전에 크리스천 베일을 너무 좋아해서 그가 출연하는 영화 〈배트맨〉을 아이맥스관으로 보러 갔습니다. 내가 볼 수 있는 한 크게 그의 얼굴을 보고 싶었습니다. 아이맥스(IMAX)는 'Eye Maximum'의 줄임말로, 인간이 볼 수 있는 시야 한계(시야각)까지 모두 영상으로 채운다는 의미입니다. 아이맥스관의 스크린 크기가 관람객의 시야각을 넘어 한눈에 다 들어오지 않기 때문에 화면 몰입감이 뛰어납니다. 아이맥스관에서는 크리스천 베일이 제 눈에 꽉 차게 들어왔습니다. 그래서 더 멋져 보였습니다.

아이트래킹 연구에서는 연구에 따라 본다는 기준을 0.8°에서 3°까지 다양한 범위로 정의하고 있으며, 국내 연구에서는 대체로 1° 정도의 기준을 많이 사용하는 편입니다. 그럼 우리가 보았다는 것을 인정할 수 있는 시간은 어떻게 될까요? 정해진 기준은 없습니다. 연구에 따라서는 0.08초에서 0.3초까지 다양하게 활용하고 있습니다만[8], 일반적으로 0.1초를 기준으로 많이 잡고 있습니다. 다만 노인을 대상으로 하는 실험과 젊은 청년을 대상으로 하는 실험에서는 시간에 관한 기준점이 달라질 수 있겠습니다. 노인은 노화로 인해 대상을 인지하는 데 영향을 받을 수 있기 때문입니다.

## 5) 시선의 구성과 아이트래킹의 지표

아이트래커를 사용하면 어디를 얼마만큼 오래 봤는지, 무엇을 제일 먼저 봤는지, 어떠한 순서대로 봤는데, 몇 번이나 봤는지, 가장 빨리 본 시간은 어떻게 되는지, 동공의 크기가 어떻게 달라졌는지 등 시선에 대한 많은 것들을 알 수 있습니다.

시선은 머무름과 흘러감으로 이루어져 있습니다. 사람은 본인에게 의미가 있는 것에 시각적 주의를 기울여 시선을 머물게 합니다. 아이트래킹 실험에서는 시선의 머무름을 응시(Fixation), 시선의 흘러감을 도약(Saccade)이라는 용어로 씁니다. 아이트래킹 연구에서 가장 많이 나오는 용어가 Gaze와 Fixation일 것입니다. 국내 아이트래킹 관련 연구에서는 Gaze의 경우, '응시, 시선'으로 번역해 많이 사용하고 있고, Fixation의 경우, '응시, 고정 응시, 고정 시선'으로 번역해 사용하고 있습니다. 시선(視線)은 '볼 시(視)'에 '줄 선(線)'을 씁니다. 눈이 가는 길, 또는 눈의 방향을 이야기합니다. 응시(凝視)는 '엉길 응(凝)'에 '볼 시(視)'를 써 눈길을 모아 한곳을 똑바로 바라본다는 의미입니다. 영어로 응시의 정의는 "Gaze Cluster Constitutes a Fixation"[9] 즉, Gaze가 모여 Fixation을 구성한다고 해석할 수 있습니다. 응시가 '엉길 응(凝)'을 쓰니 시선이 엉겨 있는 의미를 부각해 응시라는 단어가 Fixation의 번역에 적합하겠습니다.

응시는 시선 추적 연구에서 가장 많이 쓰이는 개념입니다. 응시는 보통 0.05초에서 0.6초 동안 일어나는데, 이때 시각 정보를 받아들입니다. 응시는 인지 과정과 주의력을 측정하는 좋은 척도이며, 응시 시간, 응시 횟수, 최초 응시 시각 등을 도출해 분석할 수 있습니다. 응시 횟수(Number of Fixation)가 많을수록 피험자가 해당 영역의 정보가 중요하다고 생각하거나 피험자의 시선을 끌었다고 해석할 수 있습니다. 또한 응시 시간(Fixation Time)이 길수록 해당 영역에 많은 인지 처리 과정이 일어났거나, 흥미와 관심도가 높았다고 해석되어[10] 몰입의 지표로 사용할 수 있습니다. 시각 자극물에 'AOI'라고 부르는 관심 영역을 설정해 빈도, 시간 등을 계산해 응시 지표들을 분석합니다.

도약은 한 응시점에서 다른 응시점으로 빠르게 중심와를 이동하는 안구의 움직임으로 인간의 몸에서 생성할 수 있는 가장 빠른 움직임입니다. 도약의 평균 지속 시간은 0.02초에서 0.04초입니다. 도약 동안은 눈의 빠른 움직임으로 인해 망막 상에 맺히는 이미지 품질이 낮기 때문에, 정보 흡수는 주로 응시하는 동안 발생합니다. 도약의 속도, 횟수를 통해 시각 자극물에 얼마나 빨리, 자주 시선이 옮겨졌는지 알 수 있으므로 대상에 대한 매력도, 흥미도의 지표로 사용 가능합니다.

많은 분야에서 불안, 인지 부하, 정보 처리, 각성, 몰입을 이해하기 위해 동공 반응의 변화를 조사합니다. 동공은 자극에 대한 감정 변화, 호기심 등에 따라 크기가 변화하기 때문에 주의 집중을 일으키는 척도로 활용할 수 있습니다.[11] 동공은 이러한 인지적 반응 외에도 빛에 민감하게 반응합니다. 햇빛에 의한 동공 확장과 인지적 요인에 의한 동공 확장은 구분하기 어렵기 때문에 야외에서 아이트래킹 연구를 수행하는 것은 제약이 따릅니다.

아이트래킹 지표와 용어

| 지표 | 설명 |
|---|---|
| Gaze | Fixation을 이루기 전 눈이 보는 시선 |
| Fixation | 특정 시간 이상 시선이 고정되는 응시 |
| AOI (Area Of Interest) | 관심 영역 |
| TOI (Time Of Interest) | 관심 시간 |
| Heat Map | 시선의 분포를 색으로 보여 주는 시각화 자료 |
| Scan Path | 시선 경로를 숫자와 선으로 표시 |
| Saccade | 한 지점에서 다른 지점으로 움직이는 안구 도약 |
| Saccade Count | 안구 도약 횟수 |
| Saccade Velocity | 안구 도약 속도 |
| AOI Time to First Fixation | AOI 내에서 포착된 첫 번째 시선 응시의 시각 |
| AOI First Fixation Duration | AOI 내에서 포착된 첫 번째 응시의 기간 |
| AOI Average Fixation Duration | 각 AOI 내의 평균 응시 기간 |
| AOI Fixation Count | 각 AOI 내의 응시 횟수 |
| Pupil Size | 동공의 크기 |
| GSR Average | 평균 전기 피부 반응 신호 |

## 6) 아이트래커

아이트래커에 가장 많이 사용되는 기술 중 하나는 동공 중심 각막 반사(Pupil Center Corneal Reflection, PCCR)입니다. 〈그림 3〉과 같이 적외선 LED가 눈을 비추면 적외선 카메라가 감지해 눈에 반사된 이미지를 기반으로 동공 중심을 찾아내고 그 윤곽을 식별합니다. 이후 이미지 프로세싱 알고리즘이 빛 반사 패턴의 세부 정보를 찾아 눈의 위치와 응시 지점을 계산합니다. 적외선 반사 방식 시선 추적 방법에는 'Bright Pupil(명동공) 방식'과 'Dark Pupil(암동공) 방식'이 있습니다. 적외선 LED를 눈에 반사시키는 방식에 따라서 동공

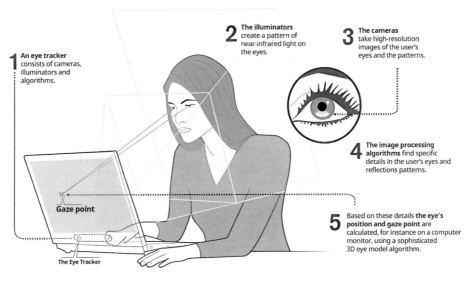

3. 아이트래커 구성과 추적 절차

(출처: Tobii 홈페이지)

이 주변에 비해 어두운 색깔로 촬영되는 방식을 '암동공 방식', 주변에 비해 밝은 색깔로 촬영되는 방식을 '명동공 방식'이라고 합니다. 서양인과 동양인의 눈 색깔이 다르기 때문에, 두 가지 방식을 자동으로 제공하는 아이트래커가 더 고가 장비인 경우가 많습니다.[12] 아이트래커 기기마다 초당 측정 횟수인 Hz가 다릅니다. 30Hz는 1초에 30번 측정을 의미하는데, Hz가 높을수록 정확도가 올라갈 수밖에 없습니다. 아이트래커 브랜드마다 최소 30Hz에서 최대 2,500Hz까지 측정할 수 있는 다양한 아이트래커들이 있습니다.

아이트래커는 '스크린 타입, 글라스 타입, VR 타입 기기와 웹캠을 기반으로 하는 클라우드 플랫폼'이 있습니다. 스크린 타입은 〈그림 4〉와 같이 막대처럼 생긴 기기도 있고, 모니터 일체형 기기도 있습니다. 스크린 타입 아이트래커는 동영상, 게임, 인터넷 사이트, 브라우저, 애플리케이션, 이미지, 컬러, 자막, 출연 배우, 브랜드 로고 등 모니터 화면에서 펼쳐지는 모든 시각적 주의를 측정할 수 있습니다.

4. 스크린 타입 아이트래커

(출처: Tobii 홈페이지)

글라스 타입은 안경처럼 생겼습니다. 글라스 타입은 보는 무엇이든 시선의 움직임을 측정할 수 있습니다. 물론 앞서 이야기했던 모니터 속 시각적 주의도 글라스 타입을 사용해서 측정 가능합니다. 더불어 공간에 대한 시각적 주의도 측정할 수 있습니다. 길 찾기에 대한 시선 추적도 가능합니다. 저는 코엑스 몰을 갈 때마다 매번 길을 헤매는데, 이러한 복잡한 쇼핑몰, 종합 병원, 대형 경기장 방문자에 대한 이동 경로와 시선을 추적하는 연구도 진행할 수 있습니다. 건물 리노베이션 전과 후 사용자 시선 차이도 분석할 수 있습니다. 장난감을 조립할 때 아이의 시선 경로와 횟수, 쇼핑센터나 마트에서 소비자가 물건을 찾는 시선 경로도 추적할 수 있습니다.

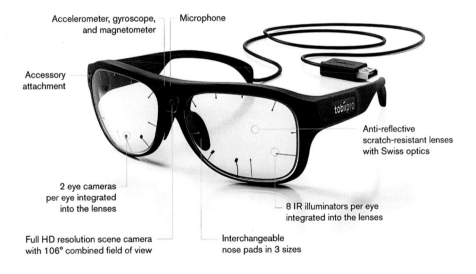

5. Tobii Glasses 3

(출처: Tobii 홈페이지)

글라스 타입은 분석하는 절차가 스크린 타입에 비해 까다롭습니다. 글라스를 끼고 자유롭게 응시하기 때문에 실험 참가자가 대상을 바라보는 시간이 다를 수밖에 없습니다. 그래서 10명을 조사했다면 10명의 데이터를 개별적으로 따로 분석해야 합니다. 물론 이러한 수고를 덜어내고자 오토 맵핑 기능도 있기는 합니다. 이에 반해 스크린 타입은 동일한 길이의 실험물을 설계해 화면에서 보여 주게 되면 측정 시간이 동일하기 때문에 몇십 명이거나 몇백 명이거나 한꺼번에 분석이 가능합니다. 물론, 애플리케이션을 자유롭게 이용하게 하거나 게임을 하게 하는 등 실시간으로 자유롭게 모니터 화면을 활용하는 연구는 글라스 타입과 같이 개별적으로 분석해야 합니다.

글라스 타입은 실험 참가자들이 착용해야 하는 기기이다 보니 기기 관리의 어려움도 있습니다. 학교에서 실험 참가자가 글라스 브릿지를 부러뜨리는 사건이 발생했었습니다. 글라스 타입 아이트래커는 안경처럼 생겼기 때문에 실험 참가자가 안경을 쓰는 것처럼 안경다리를 벌려 착용했던 것으로 확인되었습니다. 몇천만 원짜리 기기가 순식간에 두 동강이 나 버렸습니다. 글라스 타입은 안경 안쪽 면에 적외선 센서들이 쭉 붙어 있습니다. 수리를 위해 기기는 스웨덴 본사로 보내졌고, 수리 기간은 한 달 정도 걸렸습니다. 비용도 만만치 않았습니다. 글라스 타입 아이트래커는 일반 안경과 달리 안경다리가 잘 휘어지지 않습니다. 그래서 절대 실험 참가자 개개인이 혼자 알아서 쓰게 하면 안 됩니다. 연구자가 직접 씌워 줘야 합니다. 기기가 망가지게 되면 비용도 문제지만, 수리하는 동안 실험이 중단되기 때문에 문제가 큽니다.

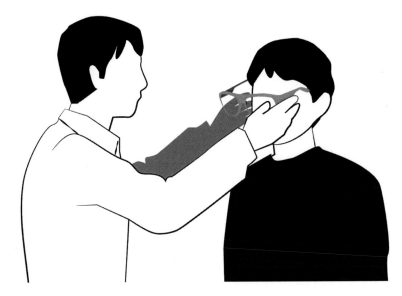

6. 연구자가 실험 참여자에게 글라스 아이트래커를 씌워 주는 모습

Pimax Crystal

PlayStation®VR2

HP Reverb G2 Omnicept Edition

Pico Neo 3 Pro Eye

HTC Vive Pro Eye

7. VR Eye Tracker

(출처: Tobii 홈페이지)

스크린 타입과 글라스 타입이 현실 세계의 아이트래킹이라면 VR 타입은
가상 세계의 아이트래킹입니다. 〈그림 7〉과 같이 아이트래커가 내장된 VR
HMD(Head-Mounted Display) 기기를 통해 가상 콘텐츠를 이용하는 사용자의
시선을 추적할 수도 있습니다. 또한 화재와 같이 시선 추적이 위험한 상황이
나, 실험이 어려운 환경의 경우도 VR로 현실과 동일한 환경을 구현해 실험을
수행할 수 있습니다.

웹캠 기반 아이트래커는 〈그림 8〉과 같이 적외선 센서 대신 웹 카메라를
통해 시선을 추적하는 클라우드 플랫폼입니다. 일반적인 아이트래킹 실험은
적외선 센서 기반 아이트래커가 갖춰진 실험실에 실험 참가자를 초대해 진행
합니다. 그런데 웹캠 기반 아이트래킹 플랫폼은 웹 카메라가 달린 컴퓨터, 혹
은 카메라가 내장된 스마트폰만 있으면 실험 참가자가 언제 어디서든 개별적

으로 실험에 참여할 수 있습니다. 따라서 적외선 센서 기반 아이트래커 실험보다 상대적으로 피험자 모집이 쉽습니다. 실험 참가자들이 대면으로 조사하는 것을 꺼리는 팬데믹 시기나 실험실로 초대가 어려운 실험 참가자를 대상으로 하는 경우, 활용 가치가 높습니다. 또한 실험실이 아닌 일상적인 환경에서 연구해야 하는 경우에도 유용합니다.

일반 웹 카메라에는 적외선 센서가 없으므로 동공에 비친 일반 조명의 반사를 활용해 동공의 위치를 알아내는 방식을 사용합니다. 그래서 적외선 센서 기반의 아이트래커보다 정확도가 다소 떨어지는 단점이 있지만 조명(조도) 환경을 최적화시키면 데이터 오차와 획득률을 개선하는 데 도움이 많이 됩니다.[13] 웹캠 기반 아이트래커 실험은 실험 진행자 없이 실험 참여자가 개별적으로 참여하기 때문에 실험 참여자가 조사 방식에 대한 지식이 부족해 실험이 제대로 이루어지지 않을 수 있습니다. 다만, 실험 가능 환경, 실험 자세 등 주의 사항에 대한 사전 설명이 동반되면 실험 성공률을 높일 수 있습니다.

8. 웹캠 기반 아이트래커: Sticky, Eyevido, Realeye

(출처: Sticky, Eyevido, Realeye 홈페이지)

# 2. 아이트래킹 연구 사례

## 1) 유명 연예인을 모델로 쓴 광고에서 소비자는 제품을 볼까? 연예인을 볼까?[14]

'유명 연예인이 등장하는 스틸 이미지 광고에서 소비자는 과연 광고하는 제품에 주목하는가 아니면 정작 제품에는 주의를 기울이지 못하고 유명 연예인에게만 주목하는가'에 대한 실험을 진행하였습니다. 아이유의 생수 광고, 공유의 맥주 광고, 송중기의 피자 광고 이미지를 아이트래킹 해 보니, 〈그림 9〉의 좌측 이미지들과 같이 제품보다는 유명 모델에게만 시선이 오래 머물러 붉게 변한 것을 볼 수 있습니다.

일반적인 사진에서 특정한 부분이 반복 재생되어 움직이는 것을 '시네마그래프(Cinemagraph)'라고 합니다. 이 시네마그래프 기법을 사용해 이미지에 움직임을 주면 정지된 이미지보다 주목도가 높아진다는 선행연구를 바탕으로 각 모델이 들고 있는 제품에 움직임을 주는 실험 자극물을 제작했습니다.

실험 참가자의 시선을 녹화한 후에 응시 시간을 Heat Map으로 시각화한 분석 결과를 살펴보았습니다. 그 결과, 〈그림 9〉의 우측 이미지들과 같이 모델뿐만 아니라 제품에도 시선이 오래 머물러 붉게 변화함을 볼 수 있었습니다.

9. 시네마그래프 효과

## 2) 재미있는 광고를 본 소비자의 반응을 동공의 크기로 알 수 있을까?[15]

오늘날 소비자들은 본인의 의사와 상관없이 수많은 광고에 노출되고 있습니다. 그로 인해 소비자들은 다양한 광고 매체에서 송출하는 광고에 무관심하기도 합니다. 혹은 광고 건너뛰기 버튼을 누르는 등의 광고 회피 태도도 보입니다. 이를 타개하기 위해 기업에서는 유머를 사용하거나 재미있는 광고를 제작하고 있으며, 그 효과성도 인정받고 있습니다. 이 연구는 유튜브의 유머 광고, 재미있는 광고를 유형화하여 그에 따른 소비자 반응을 아이트래킹을 통해 알아보고자 하였습니다. 특히 성별에 따라 어떤 광고의 유형이 소비자의 광고 회피를 줄이는 데 효과적인지 동공의 크기를 통해 알아보았습니다. 동공의 크기는 수용자의 태도와 밀접한 연관을 가지며 의식적으로 억제하는 것이 불가능합니다. 동공의 크기 변화를 통해 인간이 느끼는 다양한 감정과 시각적 자극에 따른 광고 태도, 각성 정도를 측정할 수 있습니다. 이러한 동공의 크기는 아이트래킹을 통해 측정이 가능합니다.

우선 패러디, CM송, 에피소드, 이미지, 라이프 스타일의 다섯 가지 광고 유형을 도출하였습니다. 패러디형은 사람들에게 익숙한 원작을 모방, 변형, 과장하여 사람들에게 뜻밖의 놀라움과 재미를 주는 광고입니다. CM송형은 상품의 특성과 이미지를 가사로 표현하여 상품과 음악을 연결하는 광고입니다. 에피소드형은 일상생활 속 에피소드를 보여 줘 궁금증을 증폭시킨 후 메시지를 전달하는 광고입니다. 이미지형은 전달하고자 하는 제품의 핵심 이미지를 직관적으로 전달해 소비자가 기업, 브랜드, 제품에 대해 호감을 느끼도록 전달하는 광고입니다. 라이프 스타일형은 현실에서 일어날 법한 소비자들이 동경하는 삶을 묘사하며 긍정적인 감정을 끌어내는 광고입니다.

이중 실험 참가자가 가장 호감을 느낀 광고는 패러디였습니다. 남녀 모두 패러디 광고 속의 유머와 재미를 지각하고 인지적으로 처리할 때 〈그림 10〉과 같이 동공의 크기가 통계적으로 유의미하게 변화하였습니다.

| 패러디 | CM송 | 에피소드 | 이미지 | 라이프스타일 |
| 3.18mm | 2.81mm | 2.78mm | 2.62mm | 2.83mm |

10. 유머 광고 유형에 따른 동공 크기

### 3) 페널티 킥을 앞둔 축구 선수는 골키퍼를 볼까? 아니면 볼과 골대만 볼까?[16]

축구 경기에서 승부차기를 할 때 축구 선수는 골키퍼의 방향을 예측하고 공의 방향을 선택합니다. 뉴욕 레드불스 축구팀의 프로 선수들이 페널티 킥이나 승부차기를 할 때 골대, 공, 골키퍼를 어떻게 얼마나 응시하고 공을 차는지 시선을 추적했습니다. 축구선수들은 페널티 킥을 준비하는 짧은 시간 중 46%를 골키퍼를 응시하는 데 할애했고, 38%는 골대를, 16%는 볼을 보는 데 사용했습니다.

아래는 페널티 킥을 준비하는 두 선수의 시선 경로를 분석한 사진입니다. 원의 크기는 선수의 응시 시간 정도를 나타내고, 선은 시선 방향을 순차적으

(AI로 이미지 재구성)

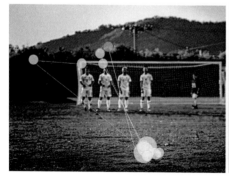

11. 페널티 킥을 준비하는 두 선수의 시선 경로 (좌측- 조던, 우측- 스코티)

로 나타내고 있습니다. 좌측의 조던 선수는 상대 선수들의 머리 위쪽 골대를 노리고 있습니다. 우측의 스코티 선수는 좌측 골대와 선수들의 중간 빈틈을 노리고 있습니다.

## 4) 어린이와 성인 화가는 그림을 그릴 때 무엇이 다를까?[17)]

Dr. Heather Berlin 교수는 어린이와 프로 아티스트가 그림을 그리는 차이에 대해 연구하였습니다. 폴 세잔의 그림을 참고하여 동일하게 소품, 모델을 배치하였습니다. 어린이와 성인이 어떻게 그림을 그리기 시작하는지 무엇을 보고 그리는지 실험하였습니다.

어린이는 본인이 좋아하는 부분 혹은 눈에 띄는 부분 등에 집중해 그림을 그렸습니다. 반면, 아티스트는 전체적인 비율을 보고 전체를 파악해 그렸습니다. 마무리할 시간이 임박했을 때도 어린이는 본인이 그리던 것에 집중하는 반면, 프로 아티스트는 전체적인 면에서 마무리를 지으려고 하였습니다. 프로 아티스트가 그림을 그리는 동안 대상을 관찰한 시간은 어린이에 비해 2배 정도 길었습니다.

### 5) 피아니스트는 연주할 때 악보를 더 많이 볼까? 건반을 더 많이 볼까?[18]

전문 피아니스트이자 교수인 다니엘과 피아노 전공 학생인 샬롯은 연주자가 피아노를 연주할 때 무엇을 보는지 실험하였습니다. 악보 없이 피아노를 연주할 때 교수의 시선은 보다 안정적이었던 것에 반해 전공 학생의 시선은 건반을 따라가기 바빠 분산되었습니다. 처음 보는 악보로 연주할 때도 교수는 연주하는 시간 중 17%만 건반과 손을 보았고, 전공 학생은 42%나 건반과 손을 응시하였습니다. 이것은 교수는 건반보다는 악보를 보면서 연주해 나갔고, 전공 학생은 악보를 읽고, 건반을 보며 매칭하는 것에 시간을 많이 할애하였다는 것을 의미합니다. 건반을 보는 시선 범위도 전공 학생은 넓게 흩어져 있는 것에 반해 교수는 좁고 안정적이었습니다.

(AI로 이미지 재구성)

12. 피아니스트의 시선(노란 점)

## 6) 소개팅에서 상대와 아이 콘택트를 많이 하면 커플로 이루어질 확률이 높을까?[19]

소개팅에 나가서 상대방을 만났을 때 당신은 무엇을 보나요? 이번 실험은 데이트 상대자에게 아이트래킹 글라스를 씌우고 상대방의 무엇을 보는지 밝혀내었습니다. 실험에 참여한 데이트 상대자들이 서로를 소개하고 관심사를 이야기하는 동안, 그중 한 명의 시선을 녹화하였습니다. 실험 후 실험 참가자들에게 두 번째 데이트를 할 의향이 있는지 물어봤습니다. 실험 A에 참여했던 데이빗과 제이미는 모두 두 번째 데이트를 할 의사가 없다고 이야기했습니다. 다른 참가자들이 데이트 시간 중 11%를 상대방과 아이 콘택트 한 것과 비교하면 데이빗은 데이트 시간 중 7%만 상대방과 아이 콘택트 하였습니다.

실험 B에서 알리시아의 시선을 분석한 결과, 데이트 상대인 카를로의 얼굴을 집중해 본 것으로 나타났습니다. 알리시아가 실험 B를 진행하기 전, 그 전 데이트 상대였던 드류의 얼굴을 보았을 때는 얼굴에 시선이 고정되어 있지 않고, 얼굴 주위에 산만하게 흩어져 있었습니다. 알리시아는 드류와의 실험에서는 두 번째 데이트를 할 의사가 없었지만, 높은 집중도를 나타낸 카를로와의 실험에서는 두 번째 데이트에 흔쾌히 응했습니다.

### 7) 상대방의 얼굴에 가면을 씌워 표정을 가리면 사람들은 어디를 많이 볼까?[20] [21]

비언어적 의사소통에서 얼굴 표정과 몸짓 중 무엇이 시청자의 시선을 더 끄는지 웹캠 기반 아이트래커와 스크린 타입 아이트래커를 통해 알아보았습니다. 실험 참가자들은 사람의 얼굴 표정을 먼저 응시하였으며, 이를 통해 표정을 먼저 읽으려고 시도하였다는 것을 알 수 있었습니다. 흥미로운 점은 가면을 써 표정이 가려진 사람을 보더라도 표정 부분을 계속 응시했다는 것입니다. 이는 사람들은 얼굴 표정을 통해 먼저 정보를 찾으려고 한다는 것을 의미합니다. 그 부분이 가려져 있다 하더라도 말입니다.

13. 얼굴 표정과 몸짓에 대한 시각적 주의

# 3. 아이트래킹 연구 절차와 설계

아이트래킹은 연구의 절차는 '설계, 녹화, 분석'의 세 단계로 나눌 수 있습니다.

설계 절차

| | |
|---|---|
| **설계** | Step 1 연구 배경, 목적 설정 |
| | Step 2 리서치(문헌 연구, 사례 연구 등) |
| | Step 3 연구 문제 설정(알고자 하는 변수, 대상) |
| | Step 4 연구 절차 및 방법(기기 선택, 실험 참가자 모집) |
| | Step 5 실험물 제작 |
| **녹화** | Step 6 테스트 실험(녹화 및 분석) |
| | Step 7 문제점 보완 |
| | Step 8 본실험(녹화) |
| **분석** | Step 9 데이터 분석 및 결과 도출 |
| | Step 10 미진한 실험 보완 |
| | Step 11 결과 해석 |

## 1) 연구 설계

검증적 연구의 경우, 추적을 통해 알아보고자 하는 연구 주제를 바탕으로 측정할 변수를 설정합니다. 시각적 주의는 크게 상향식 주의와 하향식 주의 연구로 나눕니다. 상향식 주의(Bottom-up Attention)는 지각된 자극의 크기, 위치, 형태, 색깔 등과 같이 자극이 지닌 속성에 의해 주의가 유발되는 것을 말합니다. 하향식 주의(Top-down Attention)는 개인의 성별, 관여도, 연령, 지식 등과 같이 개인차 관련 변수로 개인의 동기나 목적에 의해 주의가 결정되는 것을 말합니다.[22] 캐릭터의 의상에 따른 시각적 주의 연구나 유튜브 섬네일 타이틀에 따른 시각적 주의 연구 등이 상향식 주의 연구에 해당합니다. 소비자 연령에 따른 광고 자막의 시각적 주의나 유권자 성별에 따른 대선 주자 선거 포스터의 시각적 주의의 경우는 하향식 주의 연구에 해당합니다. 예를 들어, 연구 주제가 화장품 관련 유튜브 섬네일 유형에 따른 시청자의 시선 추적이라고 해 봅시다. 자극의 속성에 따라 실험 참가자의 시각적 주의를 알아내는 것이므로 상향식 주의의 연구라 할 수 있습니다. 어떠한 유튜브 섬네일의 유형이 있는지 사례 조사 및 선행 연구 조사부터 시작해 그 유형을 도출해야 합니다. 연구 대상을 정하고, 이 연구 대상에 따라 모집할 공고를 내고, 실험 참가자 모집을 시작합니다.

일반적으로 아이트래킹은 1:1 대면 실험이기 때문에 몇백 명 단위로 실험 참가자를 모집하기는 쉽지 않습니다. 또한 몇십 명으로 실험을 한다 해도 분석 시 시선을 추적해야 하는 AOI 영역이 인당 수십 개가 생길 수도 있기 때문에 많은 인원을 분석하는 데에 어려움이 있습니다. 국내 아이트래킹 연구의 실험 참가자 수를 분석한 김지호(2017)의 논문을 보면, 실험 참가자의 수는 적게는 27명에서 많게는 100명까지이며, 30~40명이 대부분이었습니다. 연구자가 선택한 연구 설계나 분석 방법에 따라 필요 실험 참가자 수는 다를 수 있습니다. 그러나 통계적 분석을 하게 되면 소수의 인원으로는 해석에 어려움이 있으며, 일반화에도 문제가 생기니 실험 참여자의 수를 잘 고려해야 합니다.[23]

아이트래킹 실험은 실험 참가자의 눈 상태에 따라 영향을 받습니다. 따라서 눈의 조건을 고려해 실험 참가자를 모집해야 합니다. 아이트래커가 안구를 잘 파악해야 하니 안구가 잘 보여야 하며, 안구에 질환이 없어야 합니다. Tobii에서는 다음의 실험 참가 대상자는 가능한 제외하도록 안내하고 있습니다.[24]

### 실험 시 고려할 사항

| | |
|---|---|
| 제외할 대상 | • 현재 눈병 등에 의해 눈에 이상이 있는 대상자<br>• 최근 6개월 이내에 백내장, 감염증, 외상, 사시 등의 안과 질환을 앓은 적이 있는 대상자<br>• 난시용 또는 하드 콘택트렌즈를 사용하고 있는 대상자<br>• 양쪽 눈 시력이 0.7 이하(안경, 콘택트 착용 포함) 대상자<br>• 극단적으로 눈의 형태가 가늘어 잘 보이지 않는 대상자 |
| 가능한 제외할 대상자 | • 가짜 속눈썹, 속눈썹 연장, 마스카라 사용으로 인해 측정 시 속눈썹을 가리는 대상자<br>• 디파인 콘택트렌즈 착용자 |
| 고려해야 할 대상자 | • 평소에 이미지를 볼 때 눈을 가늘게 뜨는 대상자<br>• 눈을 위로 치켜뜨는 등 정면을 향해 보지 않는 대상자<br>• 근접 거리에서(60cm 이내에서) 이미지를 봐야 하는 대상자 |
| 실험 당일 조건 | • 가짜 속눈썹, 속눈썹 연장, 마스카라, 디파인 콘택트렌즈 착용 금지<br>• 안경 착용 실험 참가자는 안경 대신 콘택트렌즈 착용 후 실험 가능(단, 난시용 및 하드 콘택트렌즈 불가) |

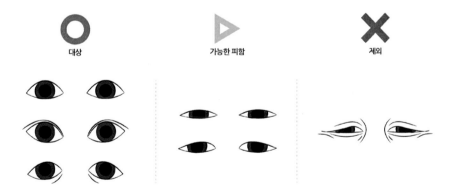

14. 아이트래킹 실험에 적합한 눈 모양

그다음은 기기를 선택해야 합니다. 예를 들어, 컴퓨터 모니터에서 유튜브를 보는 시청자가 연구 대상이라면 스크린 타입 아이트래커를 선택합니다. 다음은 아이트래킹 실험물 또는 자극물(Stimulus)을 제작해야 합니다. 실험 자극물을 만들 때 조심해야 하는 사항이 있습니다. 실험 자극물이 복잡하면 응시할 것이 많아서 시선 데이터가 많을 수밖에 없습니다. 자극물이 단순해 응시할 것이 없으면 시선 데이터가 적을 수밖에 없습니다. 흰 종이에 '나'라는 글자 하나밖에 응시할 것이 없으면, '나'라는 글자에 시선이 쏠리는 것은 당연합니다. 또한 이미지를 오래 보여 주면 응시 시간이 길어져 시선 데이터가 많을 수밖에 없습니다. 그래서 자극의 복잡성, 실험 시간 등을 잘 설계해 자극물을 제작해야 합니다.

코로나19로 인해 실험 참가자 모집이 힘들었던 2020년에 저는 아이트래킹 실험을 위해 어렵게 실험 참가자들을 모집했습니다. 모집의 어려움 때문에 이왕 모신 피험자들에게 많은 실험물을 보여 주고 녹화해야겠다는 욕심이 앞섰습니다. 대략 30분 정도 많은 실험물을 보여 주는 시선 추적 연구였습니다. 노인 대상 실험이었는데, 노인들은 눈꺼풀이 처져 시선 추적이 안 되는 경우가 꽤 있었습니다. 한 할머니의 경우, 이상하게도 시선 추적 실험을 몇 번이나 실패하였습니다. 눈꺼풀이 아주 처지신 것 같지는 않은데, 이유를 알 수 없어 결국 실험 진행을 포기하였습니다. 그런데 조교가 문밖까지 모셔다드리자 가면서 하시는 말씀이 "미안한데 졸았다"고 하셨습니다. 종일 실험 참가자들이 예약되어 있어 더 이상의 추가 진행이 어려웠습니다. 이 해프닝을 통해 제가 배운 바는 실험 설계는 항상 단순하게 해야 한다는 점, 너무 많은 실험 제작물을 보여 주며 실험하면 실험 참가자가 주의를 잃을 수 있다는 점입니다.

실험물을 제작했으면, Tobii Pro Lab 프로그램에 실험물을 가져와 세팅하는 디자인 과정을 거치게 됩니다. 그리고 마지막으로 실험 참가자들의 시선을 녹화해야 합니다. 카페 등 많은 사람이 드나드는 곳에서는 실험 참가자들이 실험에 온전히 집중할 수 없고 주위 환경이 실험에 영향을 미칠 수 있습니다. 그러므로 대부분의 실험은 실험에만 집중할 수 있는 조용한 별도의 공간을 마련해 진행해야 합니다.

그러나 연구 주제가 제품의 매장 진열 방법과 시각적 주의라든지, 전시장에서의 관람객의 시각적 주의 등 공간 혹은 다른 관람객, 사용자와 연결된 주제라면 별도의 실험실이 아닌 연구 주제에서 요구하는 공간에서 실험해야 합니다. 연구 주제 및 대상에 따라서 생명윤리심의위원회(IRB)의 심의를 거쳐야 하는 경우가 있으니 연구 전에 연구 기관의 생명윤리심의위원회(IRB)에 문의하는 것이 좋습니다.

## 2) 녹화

    녹화를 시작하기 전 실험 참가자에게 머리를 최대한 고정하고, 자세를 그대로 유지해야 한다는 주의 사항을 설명합니다. 정확한 시선 데이터를 얻기 위해서 실험 참가자들에게 Calibration이라는 시점 조정 과정을 실시합니다. Calibration이 실시되면 점 혹은 이미지로 이루어진 보정 타깃이 실험 참가자의 시선을 유도합니다. Calibration이 끝나면 실험 자극물에 대한 녹화가 이루어집니다.

15. 글라스 타입 아이트래커의 Calibration

## 3) 분석

    모든 실험 참가자의 시선이 녹화되었으면, 분석을 통해 결과를 추출합니다. 녹화된 시선 영상에 대한 분석은 시간과 영역으로 나눌 수 있습니다. 녹화한 영상의 특정 시간만을 선택해 시선을 분석할 수 있는데, 이를 Time of Interest, 줄여서 TOI라고 부릅니다. 또 녹화한 영상의 특정 위치 영역만을 선택해 시선을 분석할 수도 있는데, 이를 Area of Interest, 줄여서 AOI라고 부릅니다. 다시 말해, TOI는 시간에 대한 개념이고, AOI는 공간 위치에 대한 개념입니다. 프리미어와 같은 영상 편집 툴에서 영상 소스를 나누거나 합해서 편집하듯이 TOI를 활용해 녹화된 아이트래킹 영상의 구간을 나누거나 합할 수 있습니다. 이렇게 분석한 결과는 크게 '시각화 자료(Visualization)'와 '수치 데이터 자료(Metrics)'로 추출할 수 있습니다.

    시각화 자료로는 Heat Map, Scan Path, Bee Swarm이 있습니다. Heat Map은 열화상 카메라로 발열 체크를 하면 발열 정도가 색으로 나타나는 것과 비슷합니다. 오래 혹은 많은 횟수로 응시하면 점점 붉은색으로 나타납니다. Heat Map의 경우, 참여했던 모든 실험 참가자들이 본 횟수와 기간이 평균으로 처리되어 〈그림 16〉과 같이 하나의 시각화 이미지로 나타나기 때문에 오래 또는 자주 응시한 자극물을 직관적으로 쉽게 파악할 수 있습니다.

16. 몽유도원도 실험 Heat Map

(출처: 김지윤, 유재빈)

Scan Path는 자극물을 응시한 경로를 시간의 순서대로 표현합니다. 응시 순서는 숫자로, 응시 경로는 선으로 나타나기 때문에 어떠한 순서와 경로로 자극물을 응시했는지 분석할 수 있습니다. Scan Path를 분석함으로써 어떤 영역에 사용자의 시선이 집중되었는지, 어떤 순서로 정보를 처리했는지 등을 이해할 수 있습니다. 이는 사용자 경험 디자인, 광고 효과 분석, 인터페이스 개선 등 다양한 분야에서 유용하게 활용될 수 있습니다.

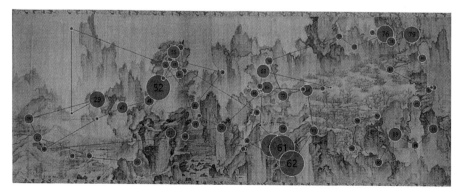

17. 몽유도원도 실험 Scan Path

(출처: 김지윤, 유재빈)

Bee Swarm은 응시한 부분을 작은 동그라미 또는 점을 사용하여 표시합니다. Bee Swarm이란 데이터점들이 마치 벌떼처럼 군집하거나 모여 있는 모습을 말합니다. 각각의 작은 동그라미는 응시 데이터의 개별적인 값을 나타내며, 이들이 모여 군집하면 데이터 분포를 쉽게 파악할 수 있게 됩니다. Bee Swarm 시각화는 밀도 추정과 함께 사용되어 데이터의 분포 특성을 더 잘 이해할 수 있도록 도와줍니다.

18. 몽유도원도 실험 Bee Swarm

(출처: 김지윤, 유재빈)

실험 참가자가 자극물을 얼마나 오래 봤는지, 얼마나 자주 봤는지, 동공의 크기가 어떻게 변했는지, 무엇을 처음으로 봤는지, 도약의 속도가 얼마나 빨랐는지 등의 시선 추적 결과 데이터를 엑셀 등의 수치 데이터 파일로 추출할 수 있습니다. 이러한 수치 데이터로 SPSS 등에서 통계 분석이 가능합니다.

# Ⅱ. 스크린 타입 아이트래커 사용하기

# 1. 프로젝트 준비하기

## 1) 프로그램 설치

- Tobii Pro Lab은 'https://www.tobii.com/'에서 내려받을 수 있습니다.

- Tobii Pro Lab은 윈도우에서만 사용 가능하며, MacOS에서는 사용할 수 없습니다.

- 프로그램 실행 후, 구입한 라이선스 키 번호를 써넣습니다. 〈그림 19〉와 같이 라이선스 키를 Activate 시키기 위해서는 항상 인터넷에 접속이 되어야 합니다. 마찬가지로 라이선스 키를 Deactivate 시킬 때도 반드시 인터넷에 접속이 되어야 합니다. 인터넷 접속 없이 Deactivate 시킬 경우, 제대로 Deactivate 되지 않습니다. 윈도우에 문제가 있어 Tobii Pro Lab을 삭제할 때에도 먼저 Deactivate 시켜야 합니다.

- 라이선스 키가 없는 경우, 30일 트라이얼 버전 사용이 가능합니다.

19. License

## 2) 최신 버전 업데이트

- Tobii Pro Lab의 최신 버전은 'https://connect.tobii.com/s/downloads' 에서 내려받으실 수 있으며, 〈그림 19〉의 **About and Update**를 통해 최신 버전으로 업데이트할 수 있습니다.

- Tobii Pro Lab은 사용 전, 가장 최신 버전으로 업데이트하는 것을 권장합니다. 또한 Tobii Pro Lab과 아이트래커가 제대로 작동이 되지 않거나 오류가 나는 많은 부분이 윈도우 업데이트와 관련이 있습니다. 윈도우 시스템은 항상 가장 최신 버전으로 업데이트되어야 합니다.

- 윈도우의 업데이트는 윈도우 설정에서 **업데이트 및 보안**으로 들어가 최신 상태로 업데이트하면 됩니다. 〈그림 20〉 참고)

20. 윈도우 업데이트

## 3) Tobii Pro Lab 구성 및 인터페이스

- 아이트래킹 실험은 크게 '설계-녹화-분석'의 3단계로 이루어집니다.

- 이를 구동하는 Tobii Pro Lab 프로그램은 Tobii Pro Lab, Project Overview, Design, Record, Analyze의 5개의 섹션으로 구성되어 있습니다. Tobii Pro Lab, Project Overview, Design은 설계 단계, Record은 녹화 단계, Analyze는 분석 단계로 보면 됩니다.

- 프로젝트 파일을 새로 생성하거나, 기존 프로젝트 파일을 열기 전까지는 〈그림 21〉과 같이 다른 섹션은 보이지 않고, Tobii Pro Lab 섹션만 보입니다.

- 섹션별 기능은 뒤에서 자세히 다룰 예정입니다. 여기서는 각 섹션에 대한 간단한 개념만 소개하고 넘어가겠습니다.

## (1) Tobii Pro Lab

- Tobii Pro Lab 섹션에서는 〈그림 21〉과 같이 실험에 쓸 아이트래킹 기기를 선택해 프로젝트를 새로 만들거나, 기존의 프로젝트를 가져올 수 있습니다. 업데이트, 라이선스 키 번호 입력, 도움말 및 매뉴얼 기능도 있습니다.

- 메뉴 상세 설명은 '**2. 프로젝트 시작하기**'에 있습니다.

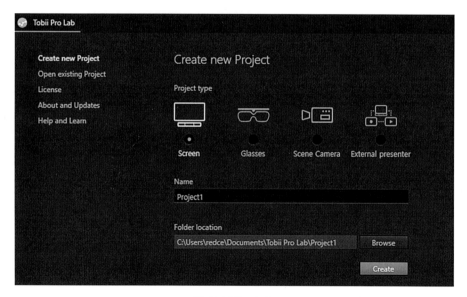

21. Tobii Pro Lab

## (2) Project Overview

- Project Overview에서는 프로젝트에 대한 정보를 제공합니다.

- 녹화된 아이트래킹 정보, 실험 참가자의 정보를 볼 수 있습니다.

- 실험 참가자 및 실험 자극물의 변수 설정, 이벤트 설정, 스냅샷 이미지도 미리 준비하여 세팅할 수 있습니다.

- 데이터의 가져오기 및 내보내기도 가능합니다.

- 메뉴 상세 설명은 '**2.4) 프로젝트 세팅하기**'에 있습니다.

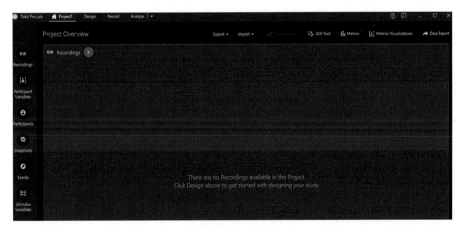

22. Project Overview

## (3) Design

- 아이트래킹 실험에 필요한 실험 자극물을 불러와 Timeline에 배열하여 실험 순서, 실험 시간의 길이를 조절합니다.

- 프로젝트 생성 시, 스크린 타입의 아이트래커를 사용할 때만 활성화됩니다. 글라스 타입을 선택해 프로젝트를 생성했을 때는 활성화되지 않습니다. 글라스 아이트래커는 실제 환경에서 글라스 타입의 아이트래커를 안경처럼 끼고 실험하여 실험 자극물을 모니터로 보여 줄 필요가 없기 때문입니다.

- 메뉴 상세 설명은 '**3. 아이트래킹 녹화를 위한 실험 자극물 세팅: Design**'에 있습니다.

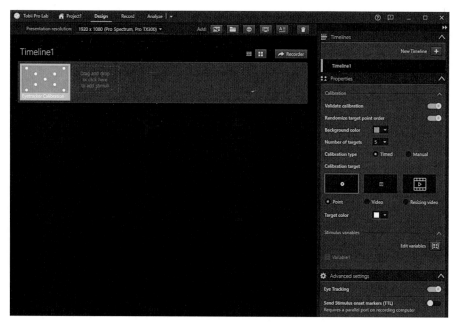

23. Design

## (4) Record

■ **Recording** 버튼을 눌러 아이트래킹 실험을 시행합니다.

■ Shimmer사의 GSR 기기, 마이크, 카메라를 추가로 설치해 녹화할 수 있습니다.

■ 아이트래커 연결을 설정합니다.

■ 두 대의 모니터를 연결해 실험 참가자용, 연구자용 화면을 만들 수 있습니다.

■ 메뉴 상세 설명은 '**4. 아이트래킹 녹화하기: Record**'에 있습니다.

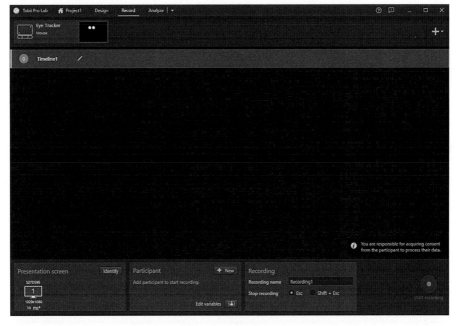

24. Record

## (5) Analyze

- 녹화된 아이트래킹 데이터를 리뷰하고 시각화하며 분석합니다.

- 분석에는 Visualizations, AOI Tool, Metrics Export, Metrics Visualizations, Data Export의 5개 툴이 있습니다.

- 메뉴 상세 설명은 '**5. 분석하기: Analyze**'에 있습니다.

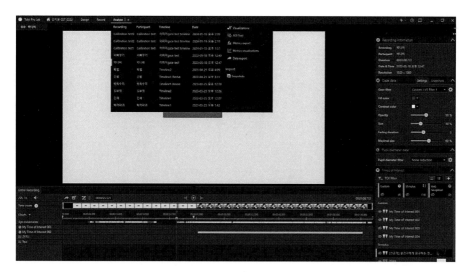

25. Analyze

# 2. 프로젝트 시작하기
## : Tobii Pro Lab, Project Overview

## 1) 프로젝트 파일 생성

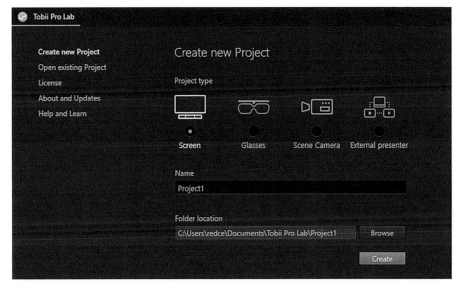

26. Tobii Pro Lab_Create New Project

## (1) Create New Project

■ 새 프로젝트 파일을 만들기 위해서는 **Create New Project**를 선택합니다.

## (2) Project Type 선택

■ 연구자가 실험할 아이트래커의 종류에 따라 Project Type을 선택합니다. Project Type은 Screen, Glasses, Scene Camera, External Presenter, VR 360이 있습니다.

* VR 360을 지원하는 Tobii Pro Lab의 가장 마지막 버전은 2021년에 업데이트된 Lab version 1.162이므로 이 버전의 소프트웨어를 실행해야 사용할 수 있습니다.[25] 이 책에서는 Tobii Pro Lab의 가장 최신 버전인 Lab version 1.217을 중심으로 다루기 때문에 Project Type에 VR 360이 보이지 않습니다.

## (3) Project Type 종류

■ Screen: 스크린 기반 아이트래커(Tobii Pro Spectrum, Tobii Pro Fusion, Tobii Pro Spark, Tobii Pro Nano 등)로 컴퓨터 모니터에서 구동되는 실험 자극물(스틸 이미지, 동영상, 게임 등)을 녹화, 분석할 때 사용합니다.

- Glasses: 글라스 타입 아이트래커(Tobii Pro Glasses 2, Tobii Pro Glasses 3)로 녹화한 데이터를 분석할 때 사용합니다. 글라스 타입의 경우, 녹화는 Tobii Pro Glasses Controller라는 프로그램을 통해 이루어집니다.

- Scene Camera: 외부 카메라를 사용해 실제 환경을 녹화할 때 사용합니다. Mobile Test Accessory를 사용할 때도 Scene Camera를 선택합니다.

- External Presenter: E-Prime(실험 설계 및 데이터 수집 소프트웨어)과 같은 외부 프로그램을 Tobii Pro Lab을 함께 사용할 때 선택합니다.

## (4) 저장 및 폴더 위치

- 프로젝트 이름을 쓰고 저장할 폴더를 선택한 후, **Create** 버튼을 눌러 저장합니다.

- Name에 쓴 프로젝트명은 폴더명으로 생성됩니다. 프로젝트 파일은 항상 폴더 내에 'tobii.project'로 자동 생성 됩니다.

- Tobii Pro Lab은 자동으로 저장이 되기 때문에 저장 버튼이 없습니다. 또한 실행을 취소할 수 있는 Undo 기능이 없습니다.

**TIP**

날짜별로 혹은 시간별로 백업 프로젝트를 저장해 놓으면 좋습니다.

## 2) 기존 프로젝트 파일 불러오기

▪ **Open Existing Project**를 선택한 후, **Browse** 버튼을 누릅니다.

27. Tobii Pro Lab _Open Existing Project

▪ 연구자가 기존에 저장해 놨던 Tobii Pro Lab의 프로젝트 파일 폴더 내 'tobii.project' 파일을 선택합니다.

28. Tobii Pro Lab_Open Existing Project_불러오기 창

**TIP**

'tobii.project' 파일은 윈도우에서 더블 클릭으로 열리지 않습니다. Tobii Pro Lab에서 Open Existing Project로 불러옵니다.

## 3) 프로젝트 파일 옮기기

■ Tobii에서는 프로젝트 파일을 압축해서 옮기는 것을 권장하고 있습니다.

■ 데이터 내보내기

**Project Overview > Export**를 통해서도 프로젝트 파일, Calibration 결과들을 내보낼 수 있습니다. 백업하는 방법으로 권장합니다.

## 4) 프로젝트 세팅하기

- 실험에 참여하는 참가자의 이름과 변수는 Project Overview에서 미리 설정할 수도 있고, 후에 Record 섹션에서 실험 전에 바로 설정할 수도 있습니다.

- 좌측 툴바에 보면 각 버튼(〈그림 29〉의 ①, ②, ③, ④)이 있습니다. 각 버튼을 누르면 우측에 해당 창들(〈그림 29〉의 ⑤, ⑥)이 나타납니다.

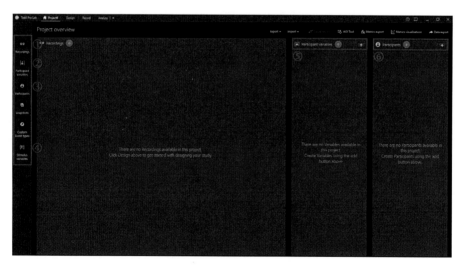

29. Project Overview_좌측 툴바

## (1) 녹화된 아이트래킹 데이터

- 새로운 프로젝트가 열리면 **좌측 툴바 〉Recordings** 버튼(〈그림 29〉의 ①)
이 파란색으로 활성화되며 바로 옆에 Recordings라는 화면이 나타납니
다. 녹화된 아이트래킹 데이터의 리스트가 보여지는 곳인데, 〈그림 29〉
는 녹화 전이므로 빈 화면으로 보입니다.

## (2) 실험 참가자 이름 설정하기

- 〈그림 29〉의 ③ **좌측 툴바 〉Participants**에는 실험 참가자명을 기재해
실험 참가자 리스트를 만들 수 있습니다.

- 〈그림 29〉의 ⑥ 우측 Participants 창에 '+' 버튼을 눌러 참가자명을 씁
니다.

- 실험 참가자명과 리스트는 Record 섹션에서 녹화 전에도 기재할 수 있
습니다. ('**4.2)(1) 녹화 시작**' 참고)

## (3) 변수 설정하기

- 변숫값은 성별, 나이, 지역, 반복 시청 여부 등 연구자의 연구 가설에 따라 설정할 수 있습니다. 예를 들어, 성별에 따른 아이트래킹 결과 차이를 보고자 했다면 실험 참가자의 성별을 변수로 하여 남, 여로 선택할 수 있도록 설정하면 됩니다. 성별 변숫값을 설정하면, 결과 데이터를 남녀별로 뽑을 수 있습니다.

- 실험 참가자의 변수: 우측 Participants Variables 창에 '+' 버튼을 눌러 변수명을 씁니다. (《그림 30》 참고)

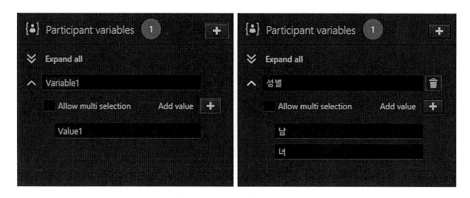

30. Participant Variables

- 실험 참가자의 변수를 삭제하고 싶으면 우측의 **휴지통 아이콘**을 누르면 됩니다.

- 실험 자극물의 변수: 〈그림 29〉의 ④ **좌측 툴바 > Stimulus Variables**를 눌러 우측에 Stimulus Variables 창이 나타나면 '+' 버튼을 눌러 변수를 설정합니다.

> 💡 **TIP**
> 프로젝트를 생성하고, 실험물을 디자인할 때까지 실험 참가자가 정해지지 않을 수 있습니다.
> Record 섹션에서 녹화 직전에도 실험 참가자의 이름과 변숫값 입력이 가능합니다.

## (4) 데이터 내보내기, 가져오기, 관리하기

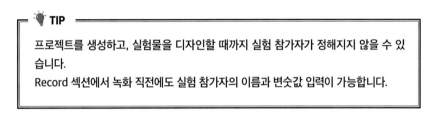

31. Import, Export 버튼과 분석 툴

- 데이터 내보내기: 〈그림 31〉의 ① **Project Overview > Export**를 통해서

도 프로젝트 파일과 Calibration 결괏값을 내보낼 수 있습니다. 백업을 위해 권장합니다.

■ 데이터 가져오기: 〈그림 31〉의 ② **Project Overview 〉 Import**를 통해서 타 프로젝트 파일에 있는 개별 데이터를 가져올 수 있습니다.

• **Import** 버튼을 누르고 가져올 'tobii.project' 파일을 선택합니다.

• 〈그림 32〉와 같이 가져올 녹화 영상을 선택합니다.

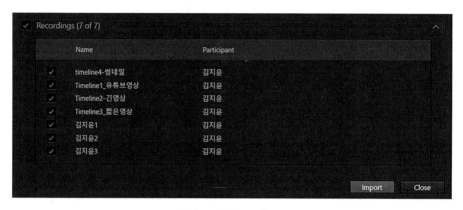

32. Import Recordings

■ 데이터 삭제: 레코딩 리스트에서 선택하고 싶은 레코딩 데이터를 클릭한 후, 마우스 오른쪽 버튼을 누르면 옵션이 나옵니다. **Delete Recording** 을 누르면 데이터가 삭제됩니다. 한번 삭제된 데이터는 복구할 수 없으니 유의해야 합니다.

## (5) 분석 툴

- Project Overview에는 〈그림 31〉의 ③과 같이 녹화 후 분석에 필요한 툴 버튼이 있습니다. 툴을 선택하면 Analyze 섹션으로 전환되고, 새로운 탭이 나타납니다.

- Tobii Pro Lab은 Visualizations, AOI Tools, Metrics Export, Metrics Visualizations, Data Export의 5가지 분석 툴을 제공합니다. 여기서는 간략히만 소개하고, 이중 가장 많이 사용되는 Visualizations, AOI Tools, Metrics Export, Data Export는 뒤에서 자세히 다루도록 하겠습니다.

- **Visualizations**: 시선 데이터를 Heat Map, Scan Path, Bee Swarm으로 시각화합니다.

- **AOI**: Area of Interest라는 뜻으로, 관심 영역을 설정하는 기능입니다. AOI를 설정하면 설정 영역에 대한 응시 시간, 횟수 등의 데이터를 분석할 수 있습니다.

- **Metrics Export**: SPSS, Microsoft Excel 등에서 통계 분석할 수 있는 수치를 추출합니다.

- **Metrics Visualizations**: Metrics 수치 데이터를 기본으로 하여 도표, 다

이어그램 등을 자동으로 만들 수 있습니다.

- **Data Export**: Metrics Export와 유사한 기능입니다만 AOI를 기반으로
  하지 않습니다. 대신 시선의 좌표 정보, 눈의 동공 지름 및 눈 개방도, 눈
  위치, 녹화에 대한 전반적인 정보들을 수치로 얻을 수 있습니다.

# 3. 아이트래킹 녹화를 위한 실험 자극물 세팅 : Design

- Tobii Pro Lab에서 시선을 녹화하기 위해서는 우선 실험에 쓰일 자극물을 Design 섹션에서 세팅해야 합니다. 실험 자극물을 Timeline 안에 배치하여 순서와 시간 등을 설정합니다. Timeline을 여러 개 만들어 실험 자극물을 배치할 수도 있습니다.

# 1) Timeline 세팅

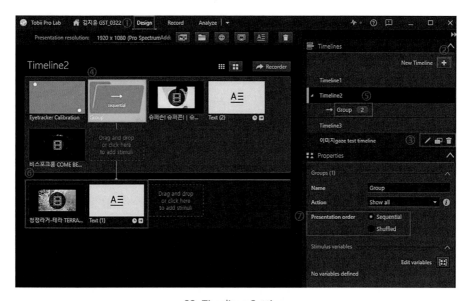

33. Timelines Setting

## (1) Timeline 생성하기

■ 맨 윗줄에서 〈그림 33〉의 ① Design 섹션을 선택합니다.

■ 우측 Timeline 창에서 〈그림 33〉의 ② '+' 버튼을 눌러 Timeline을 만듭니다.

---

💡 **TIP**

Scene Camera Project Type으로 프로젝트를 만들었을 경우, 실험 자극물이 외부 카메라의 비디오 파일이기 때문에 Timeline이 보이지 않습니다.

---

## (2) Timeline 세팅 창

■ 우측 Timeline 세팅 창에 생성한 Timeline에 커서를 두면 〈그림 33〉의 ③과 같이 작은 아이콘 세 개가 뜹니다. 좌측부터 'Timeline 이름 수정, 전체 Timeline 복사, Timeline 삭제하기'입니다.

■ 〈그림 33〉의 ④를 보면, Timeline 2 내에 그룹이 만들어진 것이 보입니다. 〈그림 33〉의 ⑤ Group 옆의 숫자 2는 그룹 폴더 내에 있는 자극물의 수를 의미합니다. Timeline을 보면 현재 두 개의 실험 자극물이 폴더에 있습니다. (〈그림 33〉의 ⑥)

■ 그룹 폴더를 만들어 실험 자극물들을 넣으면, 〈그림 33〉의 ⑦과 같이 노출 순서에 대한 옵션을 선택할 수 있습니다. 아이트래킹 실험을 실험 자극물 순서대로 하려면 Sequential을 선택하고, 실험 자극물 순서에 영향을 받지 않으려면 Shuffled를 선택합니다.

## 2) 실험 자극물 세팅

### (1) Timeline에 실험 자극물 추가하기

- Add 메뉴에서 필요한 실험 자극물을 선택합니다.

34. Add

- 〈그림 34〉의 ① Stimuli에서는 이미지와 동영상의 실험 자극물 선택이 가능합니다.
  - **이미지 지원 포맷**: .bmp, .jpg, .gif, .png 파일
  - **동영상 지원 포맷**: .avi, .mp4 파일

- 〈그림 34〉의 ② Group Element에서는 그룹화 폴더를 생성해 실험 자극물을 폴더 안에 삽입할 수 있습니다.

- 〈그림 34〉의 ③ Web Stimulus에서는 웹 페이지 실험 자극물 선택이 가능합니다.

- 〈그림 34〉의 ④ Screen Recording Stimulus에서는 실시간 스크린 실험 자극물 선택이 가능합니다.

- 〈그림 34〉의 ⑤ Text에서는 문자 실험 자극물 또는 안내문 작성이 가능합니다.

- 〈그림 34〉의 ⑥ Delete Selected Timeline Elements에서는 선택한 실험 자극물 및 폴더를 삭제할 수 있습니다.

- 실험 자극물별 속성값은 다음에 나올 그림의 Properties에서 확인할 수 있습니다.

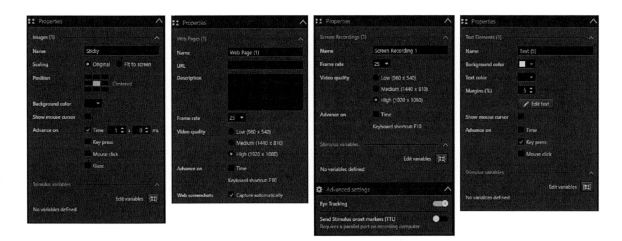

35. 각 실험 자극물의 Properties 창

## (2) Calibration 속성

- Timeline이 새로 만들어지면 Timeline 제일 앞에 〈그림 36〉의 ①처럼 Eyetracker Calibration이 자동으로 나타납니다.

- Eyetracker Calibration은 녹화에 앞서 정확한 시선 데이터 측정을 위한 교정이라고 생각하면 됩니다.

- Eyetracker Calibration을 선택하면 우측 Properties 창에 〈그림 36〉의 ② Calibration의 속성이 나옵니다.

36. Calibration 속성

- **Validate Calibration**: Calibration 후에 Calibration 유효성 검사 수행 여부를 결정합니다. 활성화해 놓고 실행하면 됩니다.

- **Randomize Target Point Order**: 보정 타깃의 순서에 대한 랜덤 진행 여부를 선택합니다.

- **Background Color**: Calibration 할 때 보이는 배경색을 선택할 수 있습니다.

- **Number of Targets**: 보정 타깃의 수를 지정합니다.

- **Calibration Type**: Timed와 Manual 두 가지 타입이 있습니다. Timed 는 일정 시간이 지났거나 Calibration 데이터가 확보되었을 때 다음 Calibration 지점이 표시되는 자동 옵션이며, Manual은 실험 진행자가 키보드를 눌러 다음 Calibration 지점을 표시하는 수동 옵션입니다.

- **Calibration Target**: 보정 타깃을 Point나 Video로 나타낼 수 있는 옵션 입니다. Point는 일반적으로 많이 쓰는 Calibration으로 화면에 점이 나 타나며 움직입니다. 실험 참가자는 움직이는 점을 따라 시선을 이동합니 다. Video는 소리와 이미지가 〈그림 37〉과 같이 나타나는데, 어린이처럼 오랫동안 주의를 기울이기 힘든 실험 참가자를 대상으로 할 때 주로 선 택합니다.

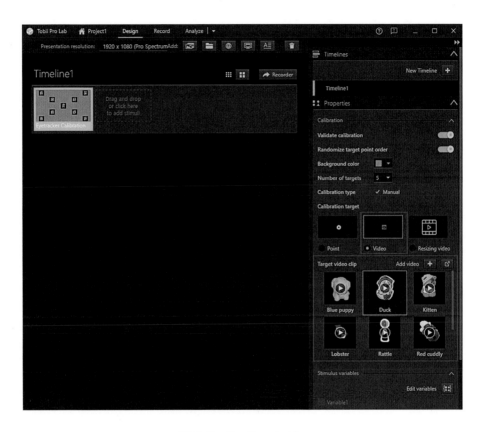

37. Calibration Target_video

## (3) 이미지/동영상 실험 자극물 속성

■ 〈그림 34〉의 ① 사진 모양의 **Add Stimuli** 아이콘을 눌러 Timeline에 이미지 혹은 비디오 실험 자극물을 가져옵니다.

■ 실험 자극물의 속성값은 Properties 창에서 변경할 수 있습니다. (〈그림 35〉 참고)

■ Properties
  • **Name**: 실험 자극물의 이름을 씁니다.
  • **Scaling 〉 Fit to Screen**: 아이트래킹 녹화가 시작될 때 실험 자극물을 화면 전체 크기로 보여 줄 수 있습니다. Original은 실험 자극물 원본 크기를 그대로 보여 줍니다.
  • **Position**: 실험 자극물을 스크린에 보여 주는 방향입니다. 화면 9분할 중 선택하면 됩니다.
  • **Background Color**: 실험 자극물을 보여 주는 배경색을 선택할 수 있습니다.
  • **Show Mouse Cursor**: 녹화하는 동안 마우스 커서를 표시할 수 있습니다.
  • **Advance on 〉 Time**: 실험 자극물을 보여 주는 시간을 세팅합니다. 설정한 시간이 지나면 그다음 실험 자극물로 넘어갑니다.
  • **Advance on 〉 Key Press**: 키보드 자판을 누르면 그다음 실험 자극물

로 넘어갑니다.

- **Advance on 〉Mouse Click**: 마우스를 클릭할 때 그다음 실험 자극물로 넘어갑니다.

- **Advance on 〉Gaze**: 실험 참가자가 자극에 정의된 영역(트리거 존) 내에서 일정 시간 동안 시선을 고정할 때까지 자극이 표시됩니다. 시간은 Seconds 및 Milliseconds 단위로 지정됩니다. 트리거 존 외부를 응시하거나 트리거 시간에 도달하기 전에 34ms 이상의 데이터 손실이 있는 경우, Gaze 트리거 시간은 0에서 다시 시작됩니다.

## (4) 웹 실험 자극물 속성

- 웹 URL 연결을 통해 실험 자극물을 불러올 수 있습니다. 〈그림 34〉의 ③ 지구 모양의 **Add Web Stimulus** 아이콘을 눌러 Timeline에 Web Page를 생성합니다.

- 실험 자극물의 속성값은 Properties 창에서 변경할 수 있습니다. (〈그림 35〉 참고)

- Properties
  - **Name**: 실험 자극물의 이름을 씁니다.
  - **URL**: 연결할 웹 주소를 입력합니다.

- **Description**: 실험 자극물에 대한 설명이 필요하면 작성합니다.

- **Frame Rate**: 비디오 Frame Rate를 설정합니다.

- **Video Quality**: 높음은 화면이 원 해상도로 녹화됨을 의미합니다. 보통
  은 원 해상도의 75%이고 낮음은 원 해상도의 50% 수준입니다. 가능하
  면 원 해상도를 사용을 권장하나, 디스크 공간 등이 부족하거나 녹화
  에 대한 세부 내용이 필요 없는 경우, 낮은 화질을 선택할 수 있습니다.

- **Advance on**: 실험 자극물을 보여 주는 시간을 세팅합니다. 설정한 시
  간이 지나면 그다음 실험 자극물로 넘어갑니다.


## (5) 스크린 녹화 실험 자극물 속성

- 모니터 화면의 모든 활동을 녹화할 수 있습니다. 〈그림 34〉의 ④ **Add
  Screen Recording Stimulus** 아이콘을 눌러 Timeline에 Screen Record-
  ing Stimulus를 생성합니다.

- 실험 자극물의 속성값은 Properties 창에서 변경할 수 있습니다. 〈그림
  35〉참고)

- Properties
  - **Name**: 실험 자극물의 이름을 씁니다.
  - **Frame Rate**: 비디오 Frame Rate를 설정합니다. 사용할 수 있는 값은

5, 10, 15, 25, 30fps입니다. 대부분은 25fps이면 충분합니다.

- **Video Quality**: 해당 비디오 퀄리티를 선택합니다.
- **Advance on**: 실험 자극물을 보여 주는 시간을 세팅합니다. 설정한 시간이 지나면 그다음 실험 자극물로 넘어갑니다.


## (6) 텍스트 실험 자극물 및 안내 문구 속성

■ Timeline에 〈그림 34〉의 ⑤ **Text Instruction**을 추가한 다음 우측 **Properties > Edit Text**에서 안내 문구를 입력합니다.

■ Properties
- **Name**: 실험 자극물의 이름을 씁니다.
- **Background Color**: 텍스트의 배경색을 선택할 수 있습니다.
- **Text Color**: 텍스트의 색을 선택할 수 있습니다.
- **Margins(%)**: 상하 가장자리부터 문자까지의 여백을 설정합니다.
- **Edit Text**: 서체, 크기, 여백 조절 등 편집 인터페이스를 볼 수 있습니다.
- **Show Mouse Cursor**: 실험 참가자가 녹화 중에 마우스 커서를 볼 수 있습니다.
- **Advance on > Time**: 실험 자극물을 보여 주는 시간을 세팅합니다. 설정한 시간이 지나면 그다음 실험 자극물로 넘어갑니다.
- **Advance on > Key Press**: 키보드 자판을 누르면 그다음 실험 자극물로

넘어갑니다.

- **Advance on 〉 Mouse Click:** 마우스를 클릭할 때 그다음 실험 자극물로 넘어갑니다.

# 4. 아이트래킹 녹화하기: Record

## 1) Eye Tracker 선택

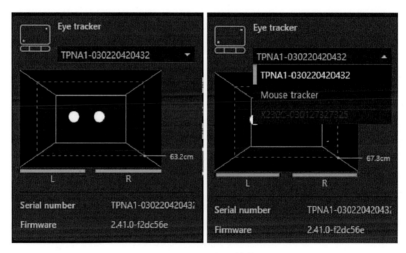

38. Eye Tracker 선택

## (1) Eye Tracker

- 아이트래커가 연결되어 있다면, Tobii Pro Lab 좌상단에 〈그림 38〉과 같이 창이 나타납니다.

- 작은 역삼각형 화살표를 눌러 사용하고자 하는 아이트래커를 지정합니다. 정상적으로 연결되면 Serial Number와 Firmware가 나타납니다. 이미 아이트래커가 연결되어 있다면 자동으로 설정됩니다.

- 두 개의 흰색 점은 양쪽 눈을 의미하며, 아이트래커 앞에 사람이 있다면 그 눈을 따라 계속 움직입니다.

- 점선으로 이루어진 초록색 구역은 실험 참가자와 아이트래커의 거리가 65cm 내외로 적절하다는 것을 의미합니다.

## (2) Mouse Tracker

- 아이트래킹 프로젝트를 만들고 테스트해 보고 싶으나 아이트래커가 없다면 대신 마우스를 연결할 수 있습니다. 아이트래커의 센서가 눈동자 대신에 마우스 커서의 위치를 인식합니다. 다만, 마우스 트래커는 실제 연구가 아니라 테스트 및 교육적 목적으로 사용할 수 있는 기능이기 때

문에 녹화 후 분석이 가능하지 않습니다.

- 〈그림 38〉 우측의 'Mouse Tracker'를 클릭하면 됩니다.

## 2) Screen Type 아이트래커 녹화

### (1) 녹화 시작

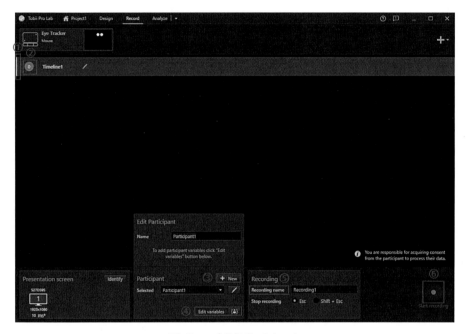

39. Record_Edit Participant

- 녹화하기를 원하는 Timeline을 선택합니다. Timeline을 선택하면 파란
색으로 하이라이트 됩니다. 〈그림 39〉 ① 참고)

- 〈그림 39〉② Timeline 앞에 동그라미 안 숫자는 이전에 녹화가 몇 번 진행되었는지를 나타냅니다.

- 앞서 '2.4)(2) **실험 참가자 이름 설정하기**'에서 실험 참가자의 정보를 미리 작성해 Participant 리스트를 만들었다면 〈그림 40〉과 같이 실험 참가자 리스트가 뜨게 됩니다. 실험 참가자의 리스트 중에서 현재 녹화하려는 실험 참가자를 선택하시면 됩니다.

- 만약 실험 참가자의 정보를 미리 작성하지 않았다면 〈그림 39〉③의 **+New** 버튼을 눌러 녹화하려는 실험 참가자의 이름을 쓰면 됩니다.

- 실험 참가자를 선택하지 않으면 〈그림 39〉⑥의 **Start Recording** 버튼이 활성화되지 않습니다.

- 실험 참가자 정보를 삭제할 수도 있습니다. 삭제하길 원하는 실험 참가자 이름에 커서를 갖다 놓으면 〈그림 40〉과 같이 **휴지통 아이콘**이 보이게 됩니다. 휴지통 아이콘을 누르면 정보가 삭제됩니다.

- 실험 참가자의 변수도 '2.4)(3) **변수 설정하기**'에서 미리 설정해 놓았다면 필요한 변수를 선택하면 됩니다. 만약 실험 참가자 변수를 미리 설정하지 않았다면 〈그림 39〉④의 **Edit Variables** 버튼을 눌러 변수를 설정할 수 있습니다. 세팅 방법은 '2.4)(3) **변수 설정하기**'와 같습니다.

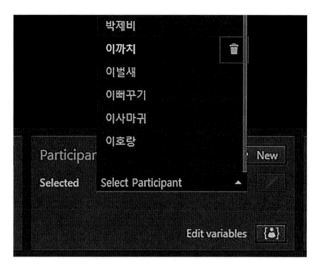

40. Record_Participant_Delete

- 〈그림 39〉 ⑤의 Recording Name에 알맞은 이름을 표기합니다. 동일한 실험 참가자가 여러 Timeline을 여러 번 녹화할 수도 있으므로 그에 따른 이름을 표기하면 됩니다.

- 〈그림 39〉 ⑥의 **Start Recording** 버튼을 눌러 아이트래킹 녹화를 시작합니다. 이때 아이트래커가 제대로 연결되어 있지 않으면 버튼이 활성화되지 않습니다. 아이트래커가 제대로 연결되어 있을지라도 실험 참가자 이름을 선택하지 않으면 활성화되지 않습니다.

- 녹화를 멈출 때는 키보드의 **ESC** 혹은 **Shift+ESC**를 누르면 됩니다.

## (2) Calibration 절차

■ 사람마다 눈 모양과 구조는 조금씩 다릅니다. 아이트래커는 Calibration 이라는 보정 절차를 통해 실험 참가자의 시선 위치를 정확히 계산합니다. Calibration 동안 실험 참가자는 스크린의 여러 위치에 나타나는 자극물(점 또는 이미지)을 보도록 안내받습니다. Calibration 동안 수집된 실험 참가자의 시선 데이터는 스크린 위치에 매핑되어 계산됩니다.

■ Calibration 속성값 ('3.2)(2) **Calibration 속성**' 참조)
 • 최적의 Calibration 결과를 얻기 위해서는 실험 자극물의 색상, 밝기와 일치하는 Calibration Background Color를 선택합니다.
 • Number of Targets에서 가능하다면 최소 5개의 보정 타깃을 사용합니다.
 • Validate Calibration을 활성화합니다.

■ Calibration을 위한 기기 관리 및 실험 참가자 교육
 • 직사광선에서의 실험을 피합니다.
 • 주의 집중에 방해되는 것들을 제거합니다. (잡담이나 소리, 시선이 분산되는 움직이는 물체나 사람 등)
 • 아이트래커에 이물질이 묻어 있는지 확인하고, 스크래치가 나지 않게 깨끗이 닦아 줍니다.
 • 실험 참가자는 편안한 상태로 자리 잡은 후, 움직이지 않고 자세를 유지

하도록 합니다.

- Calibration 동안 보정 타깃 점을 똑바로 바라보도록 합니다.

- 아이트래커와 적정 거리는 65cm 내외이며, 적정 거리가 유지되면 초록
  색으로 표시됩니다.

- **Calibration 시작** 버튼을 클릭하면 절차가 시작되고 보정 타깃이 나타
  납니다.

- Calibration이 끝나면 결과가 〈그림 41〉과 같이 화면에 표시됩니다.

## (3) Calibration 결과

- Calibration 결과는 실험 참가자가 보정 타깃을 응시할 때 아이트래커가
  실제 눈의 위치와 보정 타깃의 위치를 계산한 결과입니다. 따라서 Cali-
  bration 결과가 Success인 모든 경우 녹화가 가능합니다. Calibration이
  Failed 된 경우에만 Calibration을 다시 진행하면 됩니다.[26]

- View Options: Calibration 결과는 양쪽 눈의 평균값(Average Results)
  혹은 각 눈에 대해 개별값(Left and Right Eye Results)으로 볼 수 있습니
  다. 좌우 눈의 데이터가 각각 필요한 연구가 아니라면 일반적으로 양쪽
  눈의 평균값으로 봅니다.

- 좌측 창의 Calibration 결과 그림 표시는 아래와 같습니다.
  - 十 : Calibration 보정 타깃의 위치
  - × : Validation 보정 타깃의 위치
  - 흰색 점: 녹화된 시선의 지점
  - 파란색 직선: 정확도(Accuracy) 오류로 결과가 나온 시선의 길이와 방향
  - 파란색 원둘레: 정밀도(Precision)의 표준 편차

- Calibration 결과 그림 표시 창에서 각 보정 타깃 위에 마우스 커서를 올리면 정확도(Accuracy)와 정밀도(Precision)의 오류 정도를 데이터로 확인할 수 있습니다.
  - 정확도(Accuracy)를 나타내기 위해 보정 타깃과 흰색 점 사이에 파란색 선이 그려집니다. 이 선의 길이와 방향으로 오류 정도를 알 수 있습니다.
  - 정밀도(Precision)를 나타내기 위해 흰색 점 주위에 파란색의 원이 그려집니다. 원의 반경을 통해 오류 정도를 알 수 있습니다.

- 전체 보정 타깃에 대한 정확도와 정밀도의 정보는 표로도 보입니다.

- 보정 타깃 중 특정 위치에서 Calibration이 누락되었다면, Calibration 결과 그림에서 누락된 대상 위치를 클릭하고 Recalibrate 합니다.

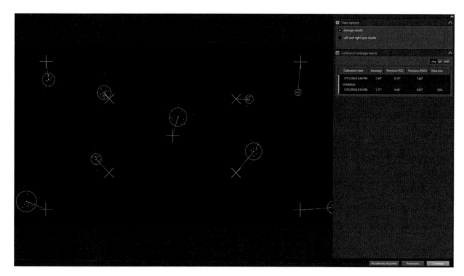

41. Calibration 결과

## (4) Calibration 처리

- Large Offsets 처리
  - Large Offsets가 나타났다는 것은 보정 타깃의 위치와 아이트래커가 감지한 실험 참가자 시선의 위치가 큰 차이를 보이는 경우를 이야기하며, 그렇기 때문에 정확도가 낮다는 것을 의미합니다.
  - 해결책: 실험 참가자에게 보정 타깃이 화면에 보일 위치를 예측하지 말고 그대로 따라 보도록 이야기합니다.

■ High Noise의 처리

•Noise는 아이트래킹 시스템이 부정확한 눈동자 움직임을 감지하는 데 영향을 미치는 여러 가지 간섭이나 방해 요소를 나타냅니다. 예를 들어, 아이트래커 표면에 지문이나 얼룩이 있거나, 주변에 추가적인 적외선(Infrared, Near-Infrared) 소스가 있는 경우 등이 노이즈의 원인이 될 수 있습니다.

•노이즈가 높으면 측정된 데이터가 정확하지 않을 가능성이 커집니다.

•해결책: 아이트래커 표면에 얼룩, 지문이 없는지 확인합니다. 직사광선 아래에서 실험하지 않도록 합니다.

■ Calibration 결과가 성공적으로 되었다면 **Continue** 버튼을 클릭합니다. 본 실험이 시작되면 실험 저작물이 실험 참가자에게 보입니다. 만약 Calibration 결과가 실패하였다면 화면에 'Calibration was unsuccessful'이라는 붉은색 문구가 나타납니다. **Recalibrate All Points** 혹은 **Revalidate**를 통해 보정을 다시 실행합니다.

## 3) 모니터 확장 방법

- 모니터 일체형 아이트래커의 경우, 연구자는 컴퓨터 모니터를 통해 Tobii Pro Lab을 제어하고, 실험 참가자는 모니터 일체형 아이트래커를 보며 실험에 참여합니다. 그러나 모니터 일체형(Tobii Pro Spectrum)이 아닌 모니터 부착형 아이트래커(Nano, Fusion 등)를 사용하는 경우, 하나의 컴퓨터 모니터에서 실험도 제어하고, 실험 참가자의 시선 녹화도 함께 이루어집니다.

- 실험 참가자를 실험에 집중시키기 위해서 그리고 연구자가 실험 참가자의 실험 과정을 세밀히 살피기 위해서 실험 참가자 스크린과 연구자 스크린으로 모니터를 분리해 실험할 수 있습니다.

- Tobii Pro Lab이 설치된 노트북(혹은 데스크톱+모니터)과 추가 사용하실 모니터를 HDMI 등의 케이블을 통해 연결합니다.

- 윈도우의 모니터 설정 모드에서 〈그림 42〉와 같이 '확장'을 선택하여 컴퓨터 모니터와 추가 모니터의 화면이 확장되게 합니다. 확장 후 디스플레이 설정에서 컴퓨터 모니터와 추가 모니터의 화면 해상도를 동일하게 1920 × 1080으로 설정합니다.

42. 컴퓨터와 모니터 연결

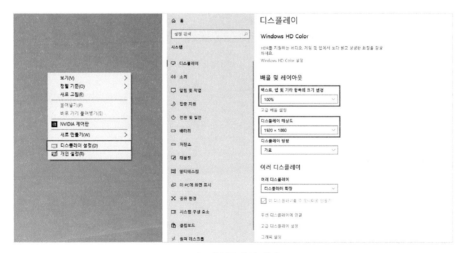

43. 디스플레이 세팅

- 상기 절차들을 정상적으로 수행했다면, Record 탭 좌하단의 Presentation Screen에 모니터 아이콘이 두 개가 보입니다. (《그림 44》의 ①)

44. Presentation Screen

- **Identify** 버튼을 누르면 연구자용 스크린 번호(1번), 실험 참가자용 스크린 번호(2번)를 확인할 수 있습니다.

45. 연구자용과 실험 참가자용으로 나뉜 스크린

- 실험 참가자용 모니터에서도 Calibration을 조작하고 싶다면 《그림 44》 ②의 Calibration Controls 옵션에서 Presentation Screen으로 설정해야 합니다.

## 4) 장비 추가

■ 마이크나 실험 참가자를 촬영하는 카메라 등을 추가할 수 있습니다. 필수 항목은 아니므로 연구자의 필요에 따라 선택하면 됩니다.

46. Record 장비 추가

■ 장비 추가를 위해 〈그림 46〉 ①의 '+' 버튼을 클릭하면 Shimmer GSR, Microphone, Participant Camera를 추가할 수 있는 옵션이 나옵니다. Shimmer GSR은 Shimmer라는 회사의 피부 전도도 측정기(GSR)를 추가할 수 있는 기능입니다.

■ 연구자가 필요한 추가 장비를 〈그림 46〉 ②에서 선택해 **Add** 버튼을 누릅니다.

# 5. 분석하기: Analyze

- Analyze 섹션에서는 녹화된 아이트래킹 데이터를 리뷰하고, 시각화하며, 데이터로 추출할 수 있습니다.

- Analyze 옆 작은 삼각형을 클릭하면 5개의 분석 메뉴(Visualizations, AOI Tool, Metrics Export, Metrics Visualizations, Data Export)가 보입니다.

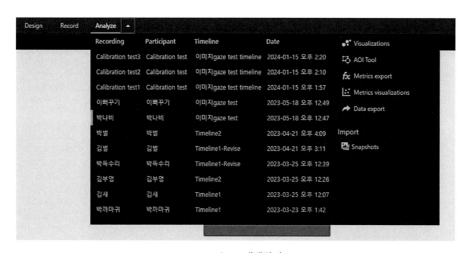

47. Analyze_재생하기

## 1) 분석을 위해 녹화 데이터 재생하기

■ 녹화 후 **Project Overview** 〉 **Recordings**를 보면 〈그림 48〉과 같이 녹화
가 완료된 목록이 나옵니다. 해당 Recordings를 더블 클릭 하면 〈그림
49〉와 같은 재생 탭이 열립니다.

48. Analyze_재생하기_Project Overview

## (1) 재생 탭 인터페이스

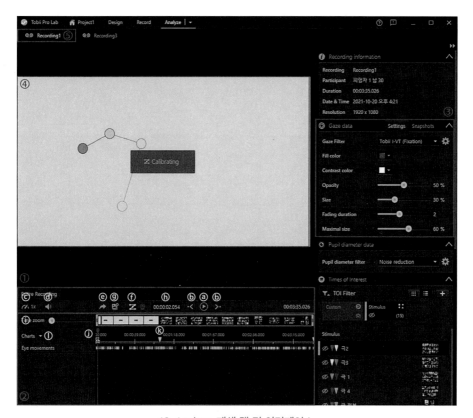

49. Analyze_재생 탭 및 인터페이스

- 〈그림 49〉 ① Replay Control

| a | | Play/Pause button | 녹화 영상 재생/일시 정지 |
|---|---|---|---|
| b | | Stepping Fixations or Gaze Points | 다음 응시 혹은 시선 포인트로 이동 |
| c | 1x | Playback Speed | 재생 속도 |
| d | | Recording Sound | 녹화 사운드 크기 조절 |
| e | | Export Recordings | 녹화 영상 내보내기 |
| f | | Hide Calibration | Calibration 녹화 영상 숨기기 |
| g | | Save Fame as Media | 화면 이미지 캡처 |
| h | 00:00:00.000 | Current Replay Time | 현재 재생 시간(millisecond, ms) |

- 〈그림 49〉 ② Timeline Tools

| i | Time zoom | Time Zoom | Timeline 확대 축소하여 보기 |
|---|---|---|---|
| j | | Timeline Navigation Line | 내비게이션 라인 |
| k | | Event Maker | 녹화 영상의 한 지점을 나타내는 이벤트 마커 |
| l | Charts | Charts Menu | 녹화 영상의 데이터 도표 |

- ▪ 〈그림 49〉③ Analyze Tools

  - **Gaze Data 〉 Gaze Filter**: Gaze와 Saccade를 정의할 수 있는 것이 필터이며, 아이트래킹 연구에서 중요한 개념입니다. 앞서 Gaze는 '머무름', Saccade는 '흘러감'이라고 이야기했습니다. Gaze와 Gaze 사이에 안구운동을 Saccade라고 할 수 있는데, 이 머무르고 흘러감의 기준을 필터에서 설정합니다. 또한 어느 정도 멈춰 있어야 Fixation이라고 할 수 있는지 기준도 설정합니다.

  - Tobii Pro Lab은 두 개의 필터 옵션인 Tobii I-VT(Fixation), Tobii I-VT (Attention)를 제공합니다. 이 외에도 연구자가 연구에 맞게 그 기준을 맞춤 설정할 수도 있습니다.

  - Filter는 '**5.1)(3) Data Chart**'에서 연관 지어 자세히 설명하도록 하겠습니다.

- ▪ 〈그림 49〉④의 Play Window는 녹화된 실험물과 응시 점을 함께 볼 수 있는 재생 창입니다.

- ▪ 〈그림 49〉⑤는 Recording Tabs입니다.

## (2) Timeline 재생

■ Design 섹션에서 실험 자극물을 설계했던 순서 그대로 녹화가 되기 때문에 Analyze에서 동일한 순서, 동일한 내용의 녹화 영상이 Recording Timeline에 나타나게 됩니다. 이를 'Entire Recordings'라고 부릅니다.

■ Design 섹션에서 실험 자극물을 설계했던 것도 Timeline이라고 부르고, Recordings에서 녹화된 영상을 재생하는 것도 Timeline이라고 부릅니다. 차이점은 Recordings의 Timeline에는 시선 데이터값이 포함된 녹화 영상이 나타난다는 점입니다.

■ Timeline에서는 〈그림 49〉 ①의 (a)**Play** 버튼을 통해 녹화된 영상을 살펴볼 수 있습니다. 영상이 재생되면 붉은색 〈그림 49〉 ②의 (j)Timeline Navigation Line이 움직입니다. 〈그림 49〉 ④의 Play Window에는 녹화된 영상이 재생되는데, 이때 Saccade는 선으로, Fixation은 원으로 시각화되어 화면에 나타납니다.

■ (a)**Play** 버튼 옆의 (b)**화살표** 버튼을 누르면 다음 혹은 이전에 Fixation이 일어난 지점으로 건너갈 수 있습니다.

## (3) Data Chart

- 시선이 어느 정도 멈춰 있어야 Fixation이고, 어느 정도 움직여야 Sacca-de인지 정의하는 것이 필터입니다.

- 〈그림 49〉 ②의 Charts 옆 작은 역삼각형 버튼을 누르면 〈그림 50〉과 같이 3개의 옵션(Eye Movement, Gaze Data Chart, Pupil Diameter)이 뜹니다. 기본값으로 Eye Movement에 체크가 되어 있습니다.

50. Analyze_Chart

- 이 중 Gaze Data Chart를 체크하면 아래 〈그림 51〉과 같이 데이터 차트가 Timeline에 보입니다. 화면 x축의 어느 위치를 봤는지를 표시한 것이 A의 파란색 선들과 점, 화면 y축의 어디를 봤는지를 표시한 것이 B의 주황색 선들과 점입니다.

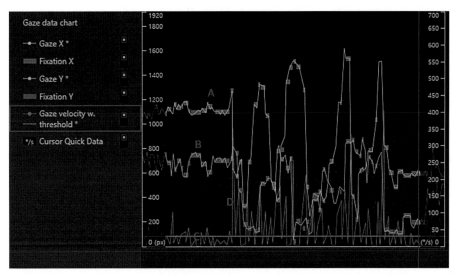

51. Analyze_Chart_Gaze Data Chart 1

- 우리가 지금 살펴보고자 하는 것은 분홍색 선입니다. 〈그림 52〉의 분홍색 선을 보면 가로로 일직선인 C가 있고, 뾰족뾰족하게 파장을 표기한 D가 있습니다. 데이터 차트가 복잡하니 잠시 다른 차트는 스위치를 꺼 두고 아래 그림과 같이 **Gaze Velocity w. Threshold**만 남겨 두겠습니다.

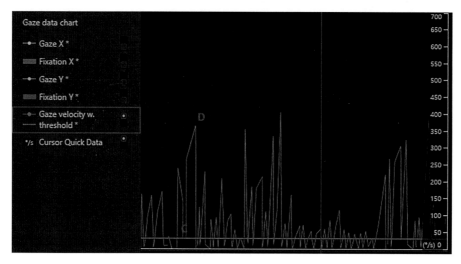

52. Analyze_Chart_Gaze Data Chart 2

- 〈그림 52〉의 C는 움직임과 멈춤을 나누는 Threshold(경계 수준)로, Fixation을 정의하는 기준선입니다. C 아래의 시선 데이터 D는 Fixation, 그 위 시선 데이터 D는 Saccade가 됩니다. 오른쪽 도표의 단위는 Degree per Second입니다.

▪ 연구에 따라 이 기준선을 연구자가 설정할 수 있습니다. 〈그림 53〉의 Gaze Filter에서 **작은 톱니바퀴** 아이콘을 누른 후 **I-VT Classifier 〉 Threshold**를 조절해 경계 수준의 수치를 변경합니다.

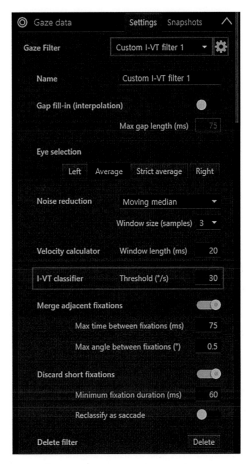

53. Analyze_Chart_Gaze Data Chart 3

## 2) TOI: Time of Interest 이해하기

### (1) TOI 개념 잡기

- Tobii Pro Lab에서 TOI는 뒤에서 배울 AOI와 더불어 매우 활용이 높은 툴입니다. 아이트래킹 분석 시, 특정 시간 구간을 선택할 수 있게 해 줍니다.

- 예를 들자면, 우리가 유튜브에 올릴 영상을 편집할 때, 촬영한 원본 영상 중에 편집할 부분을 선택합니다. Tobii Pro Lab도 이처럼 분석을 위해 녹화한 영상 중에 특정 시간 구간을 선택할 수 있습니다.

- TOI는 크게 두 개로 나눠지는데, 녹화 시 자동으로 설정되는 Automatic TOI와 녹화 후 수동으로 설정되는 Custom TOI가 있습니다.

- 주 사용 목적은 Media TOI 소스 중 특정 시간의 결괏값 확인 및 여러 개의 Media TOI 소스를 동일한 구간으로 묶어 비교하기 위함입니다.

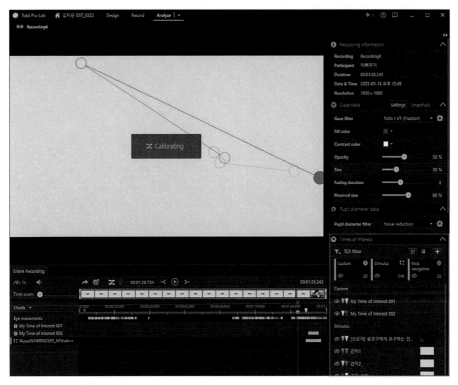

54. TOI 위치

## (2) Interval과 Events 이해하기

■ TOI는 Interval이라고 불리는 간격, 즉 구간으로 생성됩니다. 구간의 시작과 끝점을 설정하는 것이 Event인데, Event는 마커라고 생각하면 됩니다. 시작점과 끝점에 Event라는 마커로 표시하여 그 구간인 Interval을 만드는 것이 TOI입니다.

55. 역삼각형 모양의 Event가 타임라인에 생긴 모습

■ Event는 Tobii Pro Lab(Recording Start, Image Stimulus Start, Sync Events)에서 자동으로 생성될 수도 있으며, 혹은 실험 참가자(Key Press)나 연구자(Custom Event)가 수동으로 생성할 수 있습니다.

## (3) Automatic TOI

■ 스크린 타입 아이트래커는 다음과 같은 자동 TOI를 생성합니다.

Automatic TOI 종류

| Automatic TOI | Intervals | Event types |
|---|---|---|
| Recording TOI | Whole Recording | RecordingStart<br>RecordingEnd |
| Media TOI | Images, Videos | ImageStimulusStart<br>ImageStimulusEnd<br>VideoStimulusStart<br>VideoStimulusEnd |
| Web Navigation TOI | Unique URL<br>(Webpage Visits) | WebStimulusStart<br>WebStimulusEnd,<br>URLStart, URLEnd |

- **Recording TOI**: 녹화가 시작될 때부터 끝날 때까지 자동 생성된 전체 시간 구간입니다.
- **Media TOI**: 녹화에 사용했던 이미지, 비디오, 텍스트 실험 자극물별로 자동 생성 됩니다.
- **Web Navigation TOI**: 참가자가 방문하는 각 URL에 대해 웹 탐색 TOI 가 자동으로 생성됩니다. 방문할 때마다 스크린샷이 캡처되어 저장됩니다. 캡처된 첫 번째 스크린샷은 TOI와 연결된 스크린샷입니다.

## (4) TOI별 재생하기

- 실험 참가자별로 재생 탭을 열면 Calibration 녹화 영상이 제일 처음에 보입니다. 그리고 Design 섹션의 Timeline에 설계했던 실험 자극물이 순서대로 재생됩니다.

- 〈그림 56〉의 Time of Interest 창에 보면 TOI Filter가 있습니다. 현재 실험 자극물 15개가 녹화되어 있어 Stimulus에 '(15)'라고 표시되어 있습 니다.

56. TOI

- **Stimulus** 버튼을 누르면 버튼 좌측에 파란 띠가 생기며, 그 밑으로 15개 의 Media TOI가 나타납니다.

57. TOI_Stimulus_All Off

- 〈그림 58〉의 Media TOI 중 가장 위에 '극2'의 **눈 모양 아이콘**을 누르면 좌측 Timeline에 해당 Media TOI가 나타나는 것을 볼 수 있습니다.

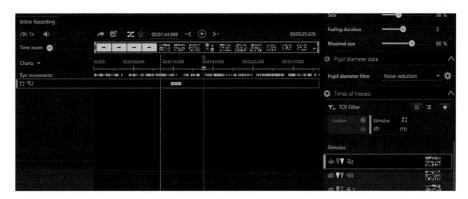

58. TOI_Stimulus_1 on

## 3) Custom TOI를 통해 시간 구간 설정하기

- Custom TOI는 연구자가 수동으로 시간 구간을 설정하는 기능입니다.

- Custom Event Types는 연구자가 원하는 지점에 두 개의 마커 역할을 하는 Event를 만들고 그사이 구간을 TOI로 설정하는 방법입니다.

- Stimulus Start(End) Event Types는 Media TOI를 사용하는 방법입니다. 실험 자극물 소스별로 자동으로 Media TOI가 만들어지는데, 각각의 Media TOI를 연결하거나 잘라내어 시간 구간을 설정한다고 이해하면 됩니다.

### (1) Custom Event Types : Event를 사용해 시작점과 끝점의 마커 생성

59. Custom TOI_오른쪽 툴바

- Events 창에서 '+' 버튼을 누릅니다.

- New Event Type 팝업 창이 뜨면 좌측에는 이벤트 이름을 쓰고, 우측
  에는 필요한 단축 키를 고릅니다. 단축 키를 선택하지 않으면 자동으로
  생성됩니다. 시작점과 끝점으로 사용할 Event를 생성하기 위해 총 2개의
  Event를 생성합니다.

60. Custom Event_Start

- 2개의 Event가 생성되면 〈그림 61〉과 같이 'My Event001'과 'My Event002'
  가 나타나게 됩니다.

- 좌측 Timeline에는 아직 아무런 Event 표시가 보이지 않습니다. 이제
  Event를 Timeline의 특정 시간에 위치시켜야 합니다.

61. Custom Event_End

■ 〈그림 62〉와 같이 'My Event001' 이름 위에 커서를 놓으면 **Log, Edit, Delete** 아이콘이 보입니다. Timeline의 빨간 Timeline Navigation Line 을 원하는 시간에 옮겨 놓은 후, 옵션에 있는 **Log** 버튼을 누르면 Time-line에 〈그림 63〉 ①과 같이 Event가 마커가 생성됩니다.

62. Custom Event_아이콘

- TOI 구간의 시작과 끝을 표시하기 위해 2개의 Event를 각각 Timeline에 생성해야 합니다.

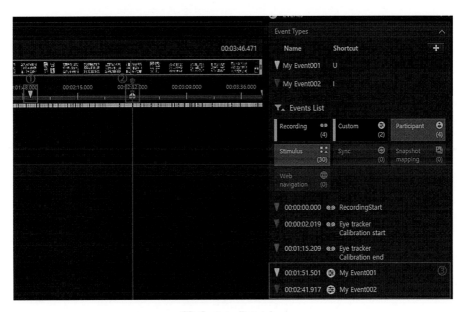

63. Custom Event_Log

- 〈그림 63〉 ①, ②처럼 Event가 Timeline에 생기면 Event List에 〈그림 63〉 ③과 같이 시간과 해당 Event 이름이 표시됩니다.


## (2) Custom Event Types : Event를 사용해 Custom TOI 생성

- 〈그림 64〉의 Time of Interest 창에 '+' 버튼을 누릅니다.

64. TOI

- 〈그림 65〉의 팝업 창이 뜨면, Name에 Custom TOI의 이름을 씁니다.

- TOI 구간을 설정해야 하는데 Start Point를 시작점, 그리고 End Point를 끝점으로 설정합니다.
  - 우리는 앞서 Event를 생성했기 때문에 아래 팝업 창에 Custom Event Types 옵션이 보입니다. Event를 Timeline에 생성하지 않으면 팝업 창에 Custom Event Types 옵션이 보이지 않습니다.

- 앞서 만든 'My Event001'을 시작점으로 설정하기 위해 〈그림 65〉 ①의 Start Point에 체크를 합니다.

- 앞서 만든 'My Event002'는 끝점으로 설정하기 위해 〈그림 65〉 ②의 End Point에 체크합니다.

■ Custom TOI에 쓸 Frame Media를 만들기 위해 〈그림 65〉 ③의 Use Frame Media에 체크합니다. 미리 Frame Media를 만들어 놓지 않았다면 아무런 이미지도 뜨지 않습니다. Frame Media 만드는 법은 '5.3)(4) **Custom TOI에 Frame Media 생성**'에서 자세히 다루겠습니다.

■ **OK** 버튼을 누릅니다.

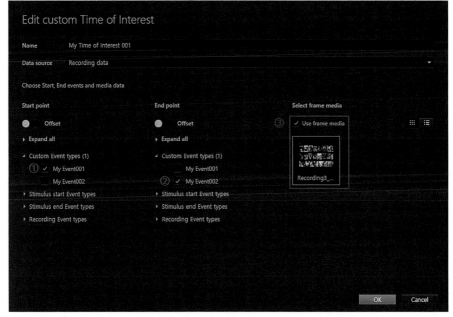

65. Custom TOI_Option_Save Frame as Media_Select 1

- 상기 절차들을 정상적으로 이행했다면 〈그림 66〉과 같이 Timeline과 Times of Interest 창에 Custom TOI가 생성된 것을 볼 수 있습니다.

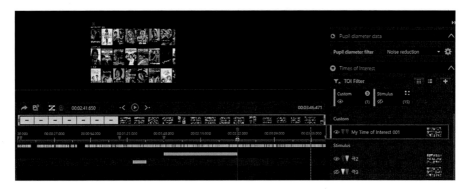

66. Custom Event Types_Generated_Thumnail

## (3) Stimulus Start(End) Event Types

- Time of Interest 창에 '+' 버튼을 누릅니다.

- 〈그림 67〉과 같이 팝업 창이 뜨면, Custom TOI의 이름을 씁니다.

- Start Point와 End Point를 활용해 TOI 구간을 설정합니다.
  - Stimulus Start Event의 시작으로 설정할 실험 자극물 소스 파일, 즉 Media TOI를 선택합니다.

- Stimulus End Event의 끝으로 설정할 실험 자극물 소스 파일, 즉 Media TOI를 선택합니다.

■ Custom TOI에 쓸 Frame Media를 만들기 위해 Use Frame Media에 체크합니다. 미리 Frame Media를 만들어 놓지 않았다면 아무런 이미지도 뜨지 않습니다. Frame Media 만드는 법은 '5.3)(4) **Custom TOI에 Frame Media 생성**'에서 자세히 다루겠습니다.

■ **OK** 버튼을 누릅니다.

■ Start Point와 End Point에 둘 다 Stimulus Start Event와 Stimulus End Event가 있으므로 둘을 헷갈려 잘못 설정하게 되면 Timeline에 새로 만든 TOI가 보이지 않습니다.

■ 새로 만든 TOI가 Timeline에 보이지 않으면 잘못 설정된 것이기 때문에 Start Point와 End Point를 다시 살펴봐야 합니다.

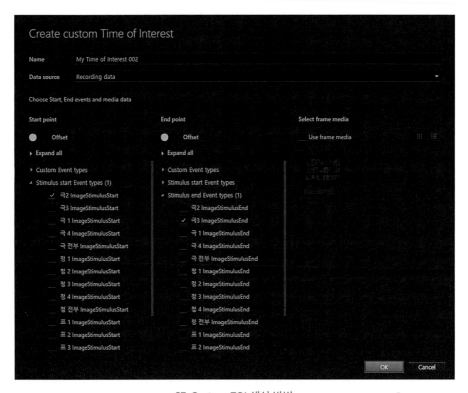

67. Custom TOI 생성 방법

- 〈그림 68〉과 같이 Timeline과 Times of Interest 창에 'My Time of Interest 002'가 추가 생성 되었습니다. Timeline에 보면 '극2' Media TOI와 '극3' Media TOI를 합한 것과 같은 길이의 'My Time of Interest 002'가 만들어진 것을 알 수 있습니다.

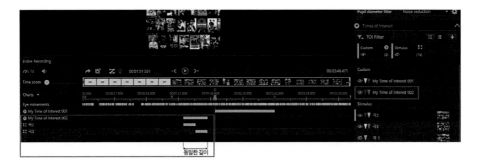

68. Custom TOI 생성 방법_결과

## (4) Custom TOI에 Frame Media 생성

- 〈그림 69〉와 같이 내비게이션 라인을 Frame Media로 적당한 Timeline 지점에 놓습니다.

69. Frame Media

- 🖼️ 버튼을 누릅니다.

- 팝업 창이 아래와 같이 뜨면 Timeline에서 내비게이션 라인이 위치한 부분의 이미지가 보입니다. 저장할 이름을 쓰고 **OK** 버튼을 누릅니다.

70. Custom TOI_Option_Save Frame as Media

- 〈그림 71〉과 같이 Custom TOI에 마우스를 가져가면 우측에 점이 나타납니다. 점을 클릭하면 옵션이 뜹니다. **Edit TOI**를 누릅니다.

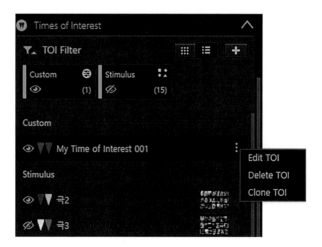

71. Custom TOI_Option

■ **Select Frame Media 〉 Use Frame Media**에 체크하고 Frame Media로 쓸 이미지를 선택한 후 **OK** 버튼을 누릅니다.

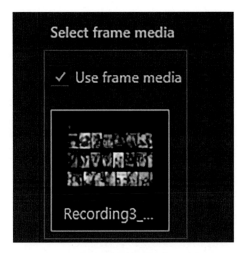

72. Use Frame Media

■ 상기 절차를 정상적으로 이행했다면 〈그림 73〉과 같이 Custom TOI에 Frame Media가 생긴 것을 볼 수 있습니다.

73. Custom TOI_Option_Save Frame as Media_Select

## (5) Offset 설정 방법: Stimulus Start Event Types의 Start Point
   기준

- Offset 설정은 Start Point와 End Point에서 지정한 시간만큼 이동하여 Start Event 혹은 End Event를 만드는 것을 이야기합니다.

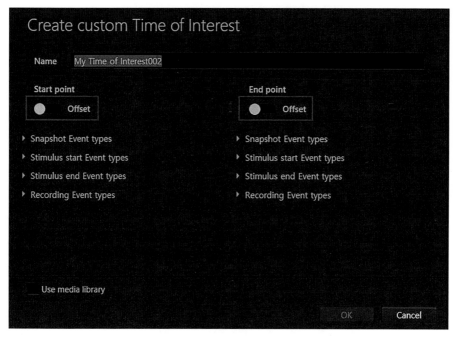

74. Offset 설정 방법

- 〈그림 75〉와 같이 사용하고자 하는 Stimulus Start Event Types의 Stimulus에 체크합니다.

- Start Point는 아래 체크한 Stimulus를 기준으로 Stimulus가 시작되는 지점을 0초로 봅니다.

- 따라서 Stimulus에 체크를 한 뒤 〈그림 75〉 ①처럼 **Start Point 〉 Offset**을 1s로 설정하면 〈그림 76〉 ①처럼 시작점에서 1초의 시간만큼 뒤에 Start Point가 잡힙니다.

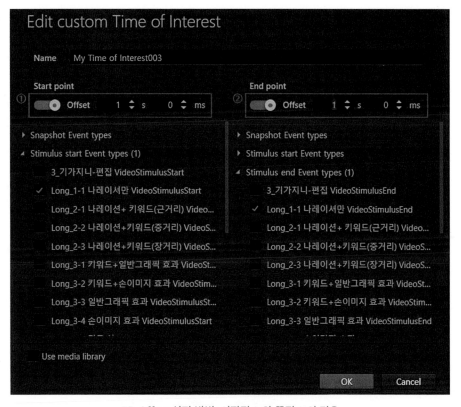

75. Offset 설정 방법: 시작점 1s와 끝점 1s의 경우

## (6) Offset 설정 방법: Stimulus End Event Types의 End Point 기준

- 사용하고자 하는 Stimulus End Event Types의 Stimulus에 체크합니다.

- End Point는 체크한 Stimulus를 기준으로 Stimulus가 끝나는 시간이 0
이 됩니다. 따라서 Stimulus에 체크한 뒤 〈그림 75〉 ②처럼 **End Point 〉
Offset**을 1s로 잡으면 〈그림 76〉 ②처럼 끝점에서 1초의 시간만큼 뒤에
End Point가 잡힙니다.

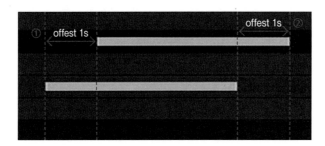

76. Custom TOI 결과: 시작점 1s와 끝점 1s의 경우

- 〈그림 77〉처럼 Start Point는 1s로 End Point를 -1s로 주면 원 소스의
TOI보다 1초 후에 시작하고, 1초 전에 끝나는 〈그림 78〉과 같은 Cus-
tom TOI가 만들어집니다.

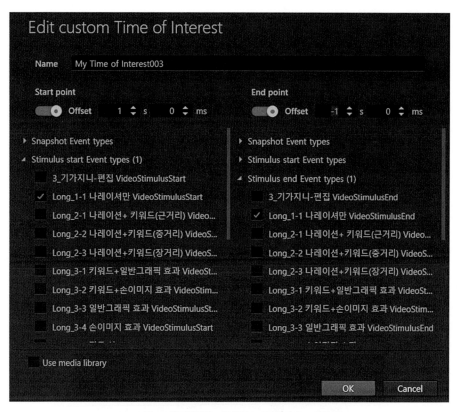

77. Offset 설정 방법: 시작점 1s와 끝점 -1s의 경우

78. Custom TOI 결과: 시작점 1s와 끝점 -1s의 경우

## 4) AOI: Area of Interest를 통해 공간 영역 설정하기

### (1) AOI 이해하기

- 아이트래커로 실험 자극물에 대한 시선의 움직임을 녹화한 후에 연구자가 측정하고자 하는 부분의 공간 영역을 표시하는 것입니다. (《그림 79》참고)

- 주 사용 목적은 실험 자극물 중 특정 부분에 대한 시선 분석입니다.

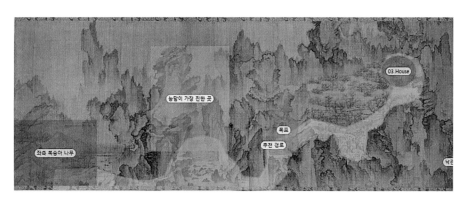

79. 이미지에 AOI 설정

## (2) 이미지 소스로 된 TOI에 AOI 설정하기

■ Analyze에 **AOI Tool** 버튼을 선택합니다.

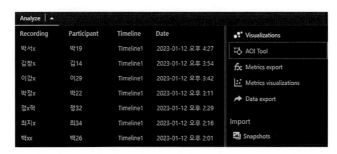

80. AOI Tool

■ Analyze에 AOI를 선택하면 〈그림 81〉 ①과 같이 AOI 탭이 생성되면서
AOI 창이 열립니다.

■ 〈그림 81〉 ③의 **Media Selection 〉 Image**에서 AOI를 표시하고자 하는
Media TOI를 선택합니다.

■ 〈그림 81〉 ② 툴바의 Draw를 선택해 영역을 ④의 화면 이미지에 원하는
영역을 그려 줍니다.

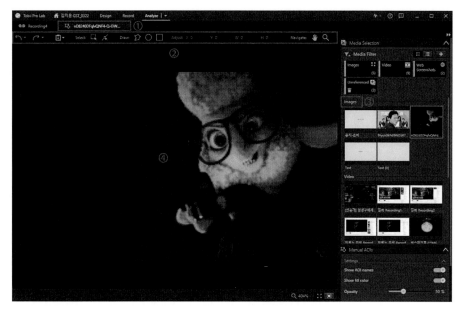

81. AOI 인터페이스_이미지 소스

- 〈그림 82〉와 같이 AOI 영역이 생기면 ①에 원하는 이름으로 영역의 이름을 바꿔 넣어 줍니다.

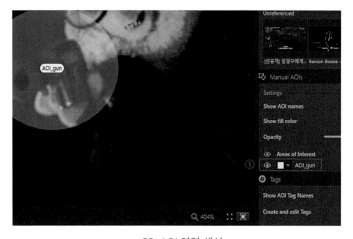

82. AOI 영역 생성

## (3) 비디오 소스로 된 TOI에 AOI 설정하기

■ **Media Selection 〉 Video**에서 동영상 Media TOI를 선택하면 〈그림 83〉 ①과 같이 타임라인이 생깁니다.

■ 화면 하단 부분의 Timeline에 빨간색 인디게이터를 움직여 원하는 시간에 놓고 〈그림 83〉 ② **Keyframe '+'** 버튼을 눌러 키 프레임을 만듭니다.

■ 생성된 키 프레임을 삭제하고 싶으면 키 프레임 옆에 〈그림 83〉 ③ **쓰레기통 아이콘**을 누릅니다.

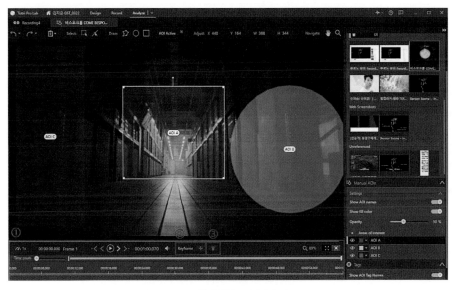

83. AOI 인터페이스_비디오 소스

■ 〈그림 84〉와 같이 툴바에 ① **AOI Active** 버튼을 이용해 원하는 구간(시간)만 AOI 영역으로 설정합니다.

• Timeline에서 키 프레임을 생성한 후, 원하지 않는 구간은 빨간색 인디게이터를 키 프레임 위에 올려놓고(이때 인디게이터는 〈그림 84〉② 화살표를 이용해 키 프레임 단위로 움직일 수 있습니다) AOI Active 버튼을 끄면 Timeline의 라인은 〈그림 84〉③과 같이 끊어지게 되며, 화면 이미지에 보이는 AOI는 빗금이 그어지면서 비활성화가 됩니다.

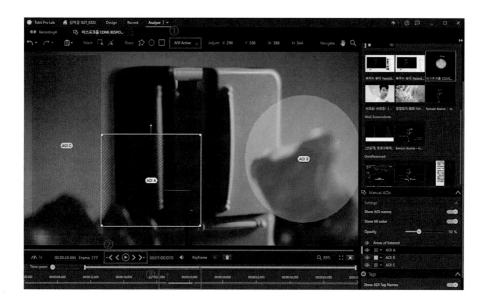

84. AOI 인터페이스_비디오 소스_AOI Active Off

 **TIP**

> 어떤 배우가 협찬받은 가방을 메고 가는 영상이 있습니다. 그 가방이 시청자들의 시선을 얼마나 끄는지를 실험한다고 가정합시다. 우선, 가방 부분에 AOI 영역을 설정하고 가방이 움직일 때마다 AOI 구역도 움직여 가며 가방을 따라가도록 합니다. AOI를 움직인 횟수만큼 Timeline에 키 프레임(마름모 모양의 마커)이 생깁니다.

## 5) 데이터 시각화하기(Visualizations)

### (1) 기본 세팅

■ Analyze 섹션에서 **Visualizations** 버튼을 누릅니다.

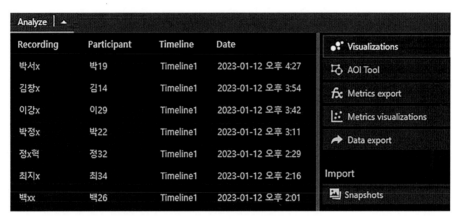

85. Visualization Tool

■ 오른쪽 Time of Interest 영역에 원하는 Stimulus를 클릭해 주면 해당
TOI의 Visualization이 실행됩니다.

86. Visualization 실행할 Stimulus 선택

- Heat Map, Scan Path, Bee Swarm의 세 가지 시각화 툴을 선택할 수 있습니다.
  - **Gaze Filter**: 응시 기준을 조절합니다.
  - **Opacity**: 각 시각화 데이터의 투명도를 조절합니다.
  - **Scale**: 각 시각화 데이터의 크기를 조절합니다.

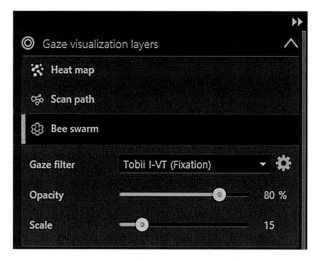

87. Gaze Visualization Layers Tool

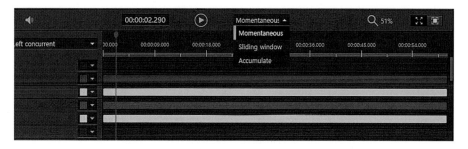

88. Visualization_Timeline

■ 시각화 결괏값 추출하기: 시각화된 이미지(Heat Map, Scan Path, Bee Swarm) 를 저장하려면 화면 이미지에 마우스를 갖다 놓고 오른쪽 버튼을 누릅 니다. Export Video와 Export Frame 중 선택하면 됩니다.

## (2) Heat Map, Scan Path, Bee Swarm 시각화 결과

- Heat Map
  - 열화상 카메라처럼 데이터값들을 색상으로 표현하여 시각적으로 해석하기 쉽게 만든 시각화 기법입니다.
  - Heat Map은 데이터의 밀도와 패턴을 빠르게 파악할 수 있도록 도와주는데, 응시 값이 높으면 진한 빨강으로, 응시 값이 낮으면 연한 녹색으로 나타납니다.

- Scan Path
  - 사용자가 화면이나 이미지를 읽거나 살펴보는 동안의 눈의 이동 경로를 나타냅니다. Scan Path는 시선이 어떻게 특정 지점을 향하고 이동하는지를 시간의 흐름에 따라 표현합니다.
  - Scan Path는 일반적으로 여러 Fixation과 Saccade의 조합으로 이루어져 있습니다. Fixation은 눈이 특정 지점에 고정된 상태를 나타내며, Saccade는 눈의 이동을 의미합니다.
  - 숫자는 응시 순서를 나타내며 원의 지름은 응시 시간을 나타냅니다. 원의 지름이 클수록 응시 시간이 길다는 것을 뜻합니다. 실험 참가자들의 응시 순서는 평균으로 낼 수 없으므로 Heat Map와 달리 실험 참가자 개개인의 응시 순서와 응시 경로가 개별적으로 생성됩니다.

- Bee Swarm

  - 응시 데이터의 분포를 시각적으로 나타내는 방법의 하나로, 작은 동그라미 또는 점을 사용하여 데이터 포인트를 표시합니다.

  - 각각의 작은 동그라미는 응시 데이터의 개별적인 값을 나타내며, 이들이 모여 군집하면 데이터 분포를 쉽게 파악할 수 있게 됩니다.

  - Bee Swarm 시각화는 밀도 추정과 함께 사용되어 응시 데이터의 분포 특성을 더 잘 이해할 수 있도록 도와줍니다.

Heat Map      Scan Path      Bee Swarm

89. Heat Map, Scan Path, Bee Swarm

# 6) Data Export

- Data Export는 크게 General, Eye Tracking Data, Media, Gaze Event, Other Sensor Data로 나뉘며, 각각의 세부 내역을 선택할 수 있습니다.

- 다음으로 나오는 표는 주요 Data Export의 지표입니다. 이외의 모든 지표는 Tobii Pro Lab User's Manual을 참고하시기 바랍니다.

주요 Data Export 항목 이름과 설명, 포맷

| General | | |
|---|---|---|
| **Data Name** | **Description** | **Format** |
| Project Name | 프로젝트명 | Text |
| Participant Variables | 실험 참가자 변수 | Text |
| Calibration Results | Calibration 결과 | Millimeters, Degrees and Pixels |
| Eye Tracker Timestamp | 아이트래커의 녹화 타임 스탬프 | Microseconds |
| **Eye Tracking Data** | | |
| **Data Name** | **Description** | **Format** |
| Gaze Point 2D | 좌우 눈의 원시선 좌표 데이터 값 | Pixels |
| Pupil Diameter | 동공의 지름 | Millimeters |
| Eye Openness | 아래 눈꺼풀과 위 눈꺼풀 사이의 최대 거리 | Millimeters |

# 7) Metrics

- 실험 결과를 수치 데이터로 뽑을 때 사용하는 방법으로 분석하고자 하는 측정 지표(응시 시간, 응시 횟수 등)를 추출할 수 있습니다.

## (1) Settings

- 데이터를 출력하는 기본 세팅에는 Interval-based TSV File, AOI-based TSV File, Event-based TSV File, Excel Report가 있습니다. 세팅마다 제공되는 측정 지표들이 약간씩 다릅니다.

- **Interval-based TSV File**: TOI 구간 중심으로 데이터를 추출할 때 사용합니다.

| | A | B | C | D | E | F |
|---|---|---|---|---|---|---|
| 1 | Recording | Participant | TOI | Interval | Total_duration_of_fixations.01_Valley | Average_duration_of_fixations.01_Valley |
| 2 | 박xx-설명 유 | 박xx | 조선회화 실물 스냅샷 | 1 | 5877 | 346 |
| 3 | 신xx | 신xx | 조선회화 실물 스냅샷 | 1 | 5677 | 196 |
| 4 | 김xx-설명 유 | 김xx | 조선회화 실물 스냅샷 | 1 | 3818 | 153 |
| 5 | 김xx-설명 유 | 김xx | 조선회화 실물 스냅샷 | 1 | 4597 | 270 |
| 6 | 안xx-설명 유 | 안xx | 조선회화 실물 스냅샷 | 1 | 2499 | 227 |

90. Interval-based로 추출한 데이터

• **AOI-based TSV File**: AOI를 그룹화해서 결과를 추출할 때 사용합니다.

| | A | B | C | D | E | F | G |
|---|---|---|---|---|---|---|---|
| 1 | Recording | Participan | TOI | Interval | AOI | Total_dur ation_of_f ixations | Average_ duration_ of_fixatio ns |
| 2 | 박xx-설명 | 박xx | 조선회화 실물 스냅샷 | 1 | 01 Valley | 5877 | 346 |
| 3 | 박xx-설명 | 박xx | 조선회화 실물 스냅샷 | 1 | 02 Peach l | 6137 | 205 |
| 4 | 박xx-설명 | 박xx | 조선회화 실물 스냅샷 | 1 | 03 House | 1779 | 356 |
| 5 | 박xx-설명 | 박xx | 조선회화 실물 스냅샷 | 1 | 04 Stream | 5017 | 314 |
| 6 | 박xx-설명 | 박xx | 조선회화 실물 스냅샷 | 1 | 그림 전체 | 25945 | 247 |
| 7 | 박xx-설명 | 박xx | 조선회화 실물 스냅샷 | 1 | 낙관 | 0 | |
| 8 | 박xx-설명 | 박xx | 조선회화 실물 스냅샷 | 1 | 농담이 가: | 6956 | 316 |
| 9 | 박xx-설명 | 박xx | 조선회화 실물 스냅샷 | 1 | 좌측 복숭( | 520 | 173 |
| 10 | 박xx-설명 | 박xx | 조선회화 실물 스냅샷 | 1 | 추천 경로 | 5557 | 232 |
| 11 | 박xx-설명 | 박xx | 조선회화 실물 스냅샷 | 1 | 폭포 | 3818 | 318 |
| 12 | 신xx | 신xx | 조선회화 실물 스냅샷 | 1 | 01 Valley | 5677 | 196 |
| 13 | 신xx | 신xx | 조선회화 실물 스냅샷 | 1 | 02 Peach l | 2778 | 232 |
| 14 | 신xx | 신xx | 조선회화 실물 스냅샷 | 1 | 03 House | 540 | 180 |
| 15 | 신xx | 신xx | 조선회화 실물 스냅샷 | 1 | 04 Stream | 3418 | 244 |
| 16 | 신xx | 신xx | 조선회화 실물 스냅샷 | 1 | 그림 전체 | 21668 | 210 |

91. AOI-based로 추출한 데이터

• **Event-based TSV File**: 구간(Interval) 내 개별 시선 이벤트 측정 데이터를 추출할 때 사용합니다.

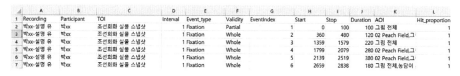

| | A | B | C | D | E | F | G | H | I | J | K | L |
|---|---|---|---|---|---|---|---|---|---|---|---|---|
| 1 | Recording | Participant | TOI | Interval | Event_type | Validity | EventIndex | Start | Stop | Duration | AOI | Hit_proportion |
| 2 | 박xx-설명 유 | 박xx | 조선회화 실물 스냅샷 | 1 | Fixation | Partial | 1 | 0 | 100 | 100 | 그림 전체 | 1 |
| 3 | 박xx-설명 유 | 박xx | 조선회화 실물 스냅샷 | 1 | Fixation | Whole | 2 | 360 | 480 | 120 | 02 Peach Field,그 | 1 |
| 4 | 박xx-설명 유 | 박xx | 조선회화 실물 스냅샷 | 1 | Fixation | Whole | 3 | 1359 | 1579 | 220 | 그림 전체 | 1 |
| 5 | 박xx-설명 유 | 박xx | 조선회화 실물 스냅샷 | 1 | Fixation | Whole | 4 | 1799 | 2079 | 280 | 02 Peach Field,그 | 1 |
| 6 | 박xx-설명 유 | 박xx | 조선회화 실물 스냅샷 | 1 | Fixation | Whole | 5 | 2139 | 2519 | 380 | 02 Peach Field,그 | 1 |
| 7 | 박xx-설명 유 | 박xx | 조선회화 실물 스냅샷 | 1 | Fixation | Whole | 6 | 2659 | 2838 | 180 | 그림 전체,농담이 | 1 |

92. Event-based로 추출한 데이터

• **Excel Report**: Microsoft Excel(2007 이상), Google Sheets, Open Office 등과 같은 스프레드시트 소프트웨어와 호환되며, 각 데이터는 별도의 스프레드시트 탭에 저장됩니다.

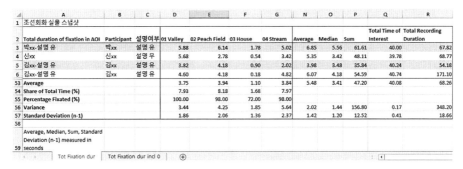

| | A | B | C | D | E | F | G | N | O | P | Q | R |
|---|---|---|---|---|---|---|---|---|---|---|---|---|
| 1 | 조선회화실물 스냅샷 | | | | | | | | | | | |
| 2 | Total duration of fixation in AOI | Participant | 설명여부 | 01 Valley | 02 Peach Field | 03 House | 04 Stream | Average | Median | Sum | Total Time of Interest | Total Recording Duration |
| 3 | 박xx-설명 유 | 박xx | 설명 유 | 5.88 | 6.14 | 1.78 | 5.02 | 6.85 | 5.56 | 61.61 | 40.00 | 67.82 |
| 4 | 신xx | 신xx | 설명 무 | 5.68 | 2.78 | 0.54 | 3.42 | 5.35 | 3.42 | 48.11 | 39.78 | 68.77 |
| 5 | 김xx-설명 유 | 김xx | 설명 유 | 3.82 | 4.18 | 0.90 | 2.02 | 3.98 | 3.48 | 35.84 | 40.24 | 54.18 |
| 6 | 김xx-설명 유 | 김xx | 설명 유 | 4.60 | 4.18 | 0.18 | 4.82 | 6.07 | 4.18 | 54.59 | 40.74 | 171.10 |
| 53 | Average | | | 3.75 | 3.94 | 1.10 | 3.84 | 5.48 | 3.41 | 47.20 | 40.08 | 68.26 |
| 54 | Share of Total Time (%) | | | 7.93 | 8.18 | 1.68 | 7.97 | | | | | |
| 55 | Percentage Fixated (%) | | | 100.00 | 98.00 | 72.00 | 98.00 | | | | | |
| 56 | Variance | | | 3.44 | 4.25 | 1.85 | 5.64 | 2.02 | 1.44 | 156.80 | 0.17 | 348.20 |
| 57 | Standard Deviation (n-1) | | | 1.86 | 2.06 | 1.36 | 2.37 | 1.42 | 1.20 | 12.52 | 0.41 | 18.66 |
| 58 | | | | | | | | | | | | |
| 59 | Average, Median, Sum, Standard Deviation (n-1) measured in seconds | | | | | | | | | | | |

93. Excel Report로 추출한 데이터

- Gaze Filter는 Raw, Attention, Fixation 중 선택 가능하며, Custom Filter로 본인 연구의 맞춤형 필터도 생성할 수 있습니다. **너트 모양의 아이콘**을 누르면 세부 옵션이 나오며, Fixation에 대한 기준값 등을 설정할 수 있습니다.

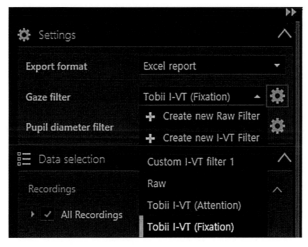

94. Metrics Gaze Filter

## (2) Data Selection

■ 녹화한 영상별, 참가자 변수별, TOI별, AOI별 등으로 선택해 데이터를
  추출할 수 있는 옵션입니다.

■ Recordings는 조사한 피험자 중 일부만 데이터를 추출할 것인지 모두
  추출할 것인지 선택할 수 있습니다.

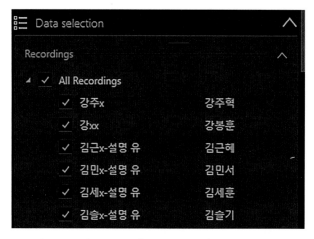

95. Data Selection_Recordings

- Participant Variables는 프로젝트 세팅 시, 설정했던 변수를 선택해 데 이터를 추출할 수 있는 옵션입니다.

96. Data Selection_Participant Variables

- Time of Interest는 Media TOI, cTOI, Entire Recording 등을 선택할 수 있습니다.

- Areas of Interest는 측정 영역을 설정했던 AOI를 선택할 수 있습니다.

## (3) Select Metrics for Export

- 본인이 원하는 데이터 값에 대해 체크한 후 **Export** 하여 데이터를 추출합니다.

- Interval-based TSV File, AOI-based TSV File, Event-based TSV File, Excel Report에 따라 제공되는 지표들이 약간씩 다릅니다.

- 아래의 표는 주요 Metrics 항목입니다. 이외의 모든 항목은 Tobii Pro Lab User's Manual을 참고하시기 바랍니다.

주요 Metrics 항목 이름과 설명, 포맷

| Data Name | Description | Format |
|---|---|---|
| Total Duration of Fixations | AOI 내 총응시 기간 | Milliseconds |
| Number of Fixations | AOI 내 응시 횟수 | Count |
| Time to First Fixation | AOI 내 일어난 첫 응시 시간 | Milliseconds |
| Average Pupil Diameter | 평균 동공 지름 | Milliseconds |
| Total Duration of Visit | AOI 내 방문한 총시간 | Milliseconds |
| Number of Visits | AOI 내 방문 횟수 | Count |
| Time to First Visit | AOI 내 첫 방문 시간 | Milliseconds |
| Number of Mouse Clicks | AOI 내 마우스 클릭 횟수 | Count |
| Number of Saccades | 도약 횟수 | Count |
| Average Peak Velocity of Saccades | 평균 최고 도약 속도 | Degrees/Second |
| Last Key Press | 마지막으로 일어난키보드 입력 | |

■ **Preview** 버튼을 아래 그림과 같이 활성화하면 추출될 데이터의 형식을
미리 볼 수 있습니다.

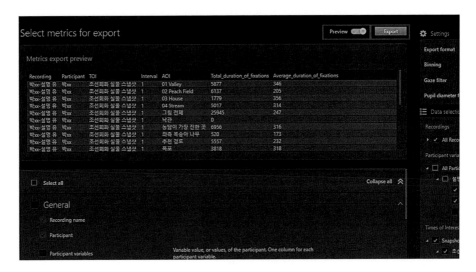

97. Select Metrics for Export

## 별첨 미주

1) 이시훈, 정일형, 안주아, 김광협(2011.), 아이트래커를 활용한 성적소구 광고의 소비자 시선 이동과 광고 효과, 광고연구, 91, 432-457.

2) Kane, M. J., Bleckley, M. K., Conway, A. R., & Engle, R. W.(2001.), A controlled-attention view of working-memory capacity. Journal of Experimental Psychology: General, 130(2), 169-183.

3) Ravaja, N.(2004.), Contributions of Psychophysiology to Media Research: Review and Recommendations. Media Psychology, 6(2), 193-235. (https://doi.org/10.1207/s1532785xmep0602_4)

4) 박지우, 마성혁, 배수현, 지선영, 이유우, 김자영(2020.), 설문조사에서 불성실 응답의 탐지방법과 제거의 효과. 경영학연구, 49(2), 331-364.

5) 이시준, 정일형, 안주아, 김광협(2011.), 아이트래커를 활용한 성적 소구 광고의 소비자 시선이동과 광고효과, 광고 연구(91), 432-457.

6) 김동호(2016.), 상품 문화 디자인학 연구(구한국상품문화디자인학회 논문집), 44, 13-22.

7) 이은희(2019.), 당신의 눈은 비둘기보다 잘 돌아갑니까? 한겨레신문.

8) 김지호(2017.), 광고의 시지각적 연구를 위한 아이트래킹 방법론의 이해, 현황 및 제언, 한국광고홍보학보,19(2), 41-84.

9) Bryn Farnsworth,Ph.D, 10 Most Used Eye Tracking Metrics and Terms, August 14th, 2018, Imotion.

10) 은석함, 박민희, 황미경, 남가영, & 권만우(2019.), 시선추적장치를 활용한 캐릭터의 시지각 집중도에 관한 연구. 한국콘텐츠학회논문지, 19(6), 105-113.

11) 김종하&김주연(2018), 동공지표를 이용한 광고이미지의 주의집중 특성과 주시시간, 한국생활환경학회지, 25(2), 194-204.

12) Acknowleged by Tobii CS

13) Acknowleged by Tobii CS

14) 명재현, 김지윤(2021.), 유명 연예인을 모델로 한 모바일 광고에서 시네마그래프 효과의 시각적 주의 연구, 2021 가을국제학술대회. 한국디자인학회, 2-3.

15) 양서영, 김지윤(2024.), 유튜브 유머 광고 유형별 소비자 반응, Archives of Design Research, 37(1).

16) What Does a Soccer Player See? | Eye Tracking, https://www.youtube.com/watch?v=vPFCTzjtIGU&t=225s

17) https://tobii.23video.com/what-kids-see-drawing-with-eye-tracking-glassesmp4

18) https://www.youtube.com/watch?v=GVvY8KfXXgE&list=PLGMPo-

sHooklkSXErepf_KN0iqKisyHLI&index=1

19) https://www.youtube.com/watch?v=YZB2t3uzWD8&list=PLGMPo-sHooklkSXErepf_KN0iqKisyHLI&index=4

20) 장다윤, 김지윤(2022.), 시청자의 시각적 주의 연구를 통한 시각적 매체에서 비언어 커뮤니케이션의 효과적인 감정 및 상태 정보 전달 연구 -얼굴 표정과 몸짓을 중심으로-, 만화애니메이션연구, 68, 451-481.

21) Dayoon Jang; Changwon Kim; Jeeyoun Kim(2021.), A study on the Effective Emotional Expressions to the Audience in a Masque Play through an Eye-tracking Experiment, ADADA+CUMULUS 2021.

22) 김지호(2017.), 광고의 시지각적 연구를 위한 아이트래킹 방법론의 이해, 현황 및 제언, 한국광고홍보학보,19(2), 41-84.

23) 김지호(2017.), 광고의 시지각적 연구를 위한 아이트래킹 방법론의 이해, 현황 및 제언, 한국광고홍보학보,19(2), 41-84.

24) Acknowleged by Tobii CS

25) VR 360 지원 버전을 내려받을 수 있는 토비의 URL은 다음과 같습니다. (https://connect.tobii.com/s/lab-downloads?language=en_US)

26) Acknowleged by Tobii CS